シモーヌ=ヴェーユ

ヴェーユ

• 人と思想

冨原 眞弓 著

107

CenturyBooks 清水書院

はじめに

シモーヌ＝ヴェーユはフランス思想史上に特異な位置を占める人物である。彼女をカミュやサルトルと並ぶ「三〇年代を代表する作家」と呼ぶ文学史家もいる。きびしい労働条件、植民地の悲惨な状況、フランスとスペイン両国における人民戦線の組閣、スペイン市民戦争、ナチス－ドイツとファシズムの台頭、たくみに組織されたユダヤ人迫害、第二次世界大戦の勃発、伝統的価値観の動揺など、さまざまな問題がどっと噴出した一九三〇年代をつうじて、ヴェーユはこれらの問題に真正面からとりくみつづけた。

「彼女と会うたびにおのれの自堕落ぶりを思いしらされて、恥ずかしくてたまらなくなる」と、ヴェーユの友人のひとりは語った。ヴェーユはそういう気持ちをおこさせる人間である。知人や友人のほとんどは、彼女が自分とは異なる人種に属していると感じた。その感情は反発であったり、敬意であったり、驚きであったりするわけだが、無関心でいられなかったことはたしかである。ヴェーユには非常に熱心な読者が多い。反面、まったく理解できない、あるいは自分には合わないと感じて、すぐに投げだしてしまう読者も少なくない。すこし読んでみて心に語りかけてくるものを感じないなら、読みすすむことはおそらく徒労である。

　一九九〇年の夏、筆者はフランスのグルノーブルでおこなわれた「国際ヴェーユ学会」に出席し、「シモーヌ＝ヴェーユ　一九〇九〜一九四三」と題された芝居を観た。この作品はパリのポンピドーセンターで一九八三年に初演されて以来、じつに三百回あまりにも上演をつづけている。たった三人の俳優による公演で、労働、戦争、知性と信仰、不幸など、「堅苦しい」テーマについて、大半がヴェーユを演じる役者による独白にも似た長台詞のみで、はでな動作も演出も舞台効果もなしに、ただひたすら淡々と進行する芝居である。この種の芝居が小劇場中心とはいえ、フランスの内外において、現在もつねに満席の状態で演じられていることじたいが驚きである。

　この芝居の劇作者・演出家・脇役の三役を演じている女優クロード＝ダルヴィは、偶然に駅の売店でヴェーユの文庫本を手にして以来、文字どおりヴェーユにとりつかれ、ついにはその生涯と思想を物語る作品をつくりあげてしまったのであるが、上演の意図を問われて、「以前の自分のようにヴェーユを知らない多くの人にあの生涯を語りたかった」と語った。筆者が本書を著した意図もまったく同じである。ダルヴィが芝居によってみごとに実現させた意図を、この小著によって、異なるかたちではあるが、ささやかなりとも実現できればと考えている。

目次

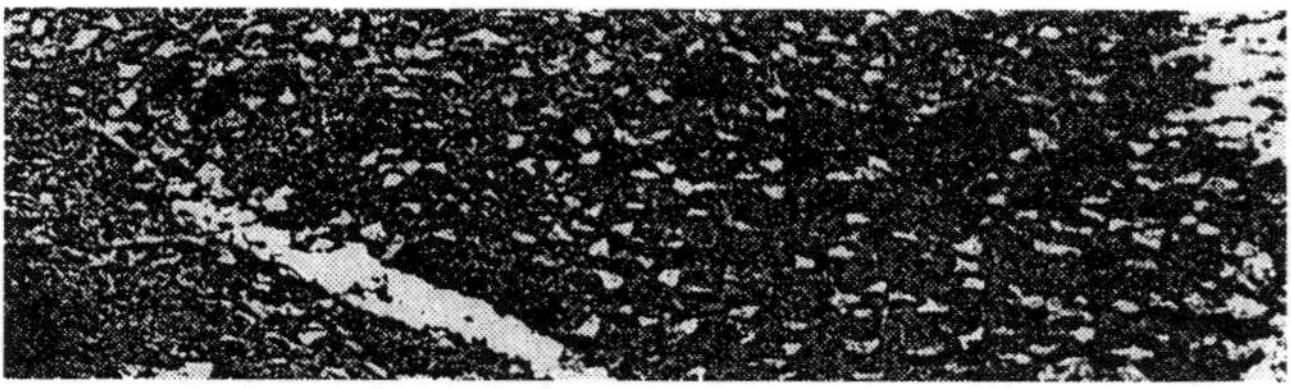

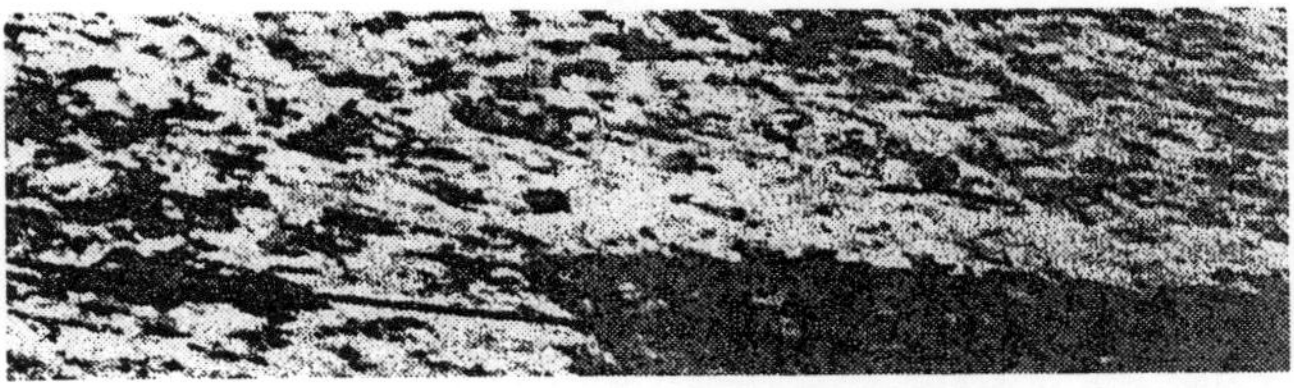

イギリス
ロンドン
アシュフォード
ドーヴァー
オランダ
ブリュッセル
ドイツ
カレー
ベルギー
イギリス海峡
ルクセンブルク
ルクセンブルク
サン-カンタン
チャネル諸島
セーヌ川
パリ
ヌーシャトー
ラヴァル
ルーマン
ロワール川
オセール
ソレム
ナント
ブールジュ
ヌヴェール
ジュネーヴ
ベルン
スイス
フランス
ロアンヌ
モンタナ
ヴィシー
リヨン
リモージュ
ビスケー湾
サンテティエンヌ
イタリア
ルーピュイ
トリノ
ボルドー
ローヌ川
ガロンヌ川
サン-マルセル
トゥールーズ
マントン
カルカソンヌ
ピレネー山脈
マルセイユ
エーブロ川
サラゴサ
スペイン
バルセロナ
地中海
マドリード
テルエル
マヨルカ島
ミノルカ島
バレンシア
0
200km
イビーサ島

ヴェーユ関係地図

Ⅰ　少女・青年期

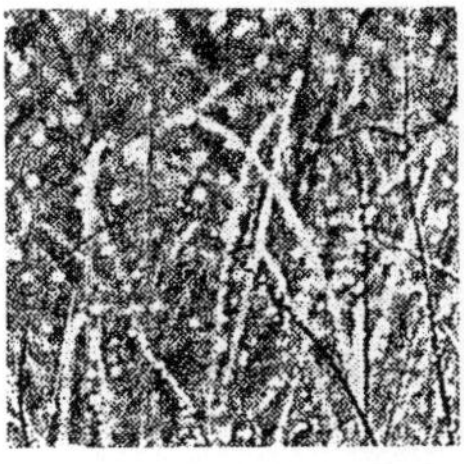

少女時代

ヴェーユの誕生

シモーヌ＝アドルフィーヌ＝ヴェーユ（一九〇九〜四三）は、一九〇九年二月三日、医師の父ベルナールと母セルマのあいだに生まれた。両親はともにユダヤ系だったが、宗教的には不可知論者、政治的にはリベラルな思想の持ち主で、シモーヌと三歳年長の兄アンドレを自由と寛容の雰囲気のなかで育てた。

シモーヌは生後六ヵ月にひどい衰弱にみまわれる。そのときの後遺症のせいか、死ぬまでつきまとった虚弱体質は、のちにはじまる偏頭痛の発作とあいまって、思想形成にもすくなからぬ影響をおよぼすことになる。

Ⅴ章でくわしく述べることになるが、晩年のヴェーユが示した民間伝承への関心は、三歳半のときに母から聞いた『グリム童話』の「黄金のマリーとタールのマリー」にさかのぼる。黄金の扉とタールの扉のどちらを通りたいかと問われて、「タールの扉でじゅうぶんです」と答えた主人公に、幼いシモーヌは共鳴した。「この物語はわたしの全生涯に影響をおよぼした」と、おとなになったヴェーユは友人に語っている。

両親の教育方針

　母セルマは子どもたちの知性と体力の両方を、同じようにたくましく鍛えようとした。彼女の教育観はかつてのギリシア的・ルネサンス的な人文主義ともいうべきもので、子どもたちが部屋にとじこもって、読書や幾何学に熱中していると、力ずくでもひっぱりだして戸外で遊ばせようとした。しばしば、まだ幼いシモーヌやアンドレは、両親といっしょに四〇キロメートルの自転車の遠乗りに出かけた。水泳、フットボール、体操など屋外でのスポーツとともに、ピアノやヴァイオリンなどのレッスンも必須であった。なんでもらくらくとこなすアンドレと異なり、書きとりや製図や図工など、手先や指の器用さがものをいう分野では、シモーヌは同世代の子どもよりあきらかに劣っていた。

　知的な学習でも、情報のつめこみが奨励されたことはない。知識を蓄積することではなく、理解することと、創造的な考えかたを学ぶことが大切だと信じていた母セルマは、シモーヌの個人レッスンの先生のやりかたを、「子どもの推論能力や判断力をのばそうとはせず、記憶力だけを要求しているようだ」と批判した。非凡な才能に恵まれたふたりが、このような教育方針をつらぬいた母親に育てられたことはさいわいである。この兄妹の場合、遊びですら独創的なもので、即興の脚韻詩が彼らの日常をいろどった。ラシーヌやコルネイユなど、一七世紀の悲劇作家の韻文を暗唱して、言いよどんだほうが平手打ちをうけるという遊びに熱中したのは、シモーヌが七歳、アンドレが一〇歳のときである。

2歳のヴェーユ　兄とともに

一〇歳のとき、シモーヌは「焰の小妖精」という詩的コントを書く。この作文には後年の主要テーマのひとつ、光と闇の相克という二元論的なテーマの萌芽がみられる。光の王フアイドロス＝メギストス（偉大なる輝ける者）が、一時は闇の力にうち負かされるが、復活して、さいごには勝利をおさめるという筋書きだ。いったんは光の王が殺され、人びとが「沈黙のうちに黄金の涙を流す」という試練をへて、ようやく光の支配が復活するという発想は、後年のヴェーユの思想に直接つながるものといえよう。

第一次世界大戦のなかで

戦争勃発と同時に、熱烈な愛国少女となったシモーヌは、一九一六年に戦場の兵士たちと文通をはじめ、自分の分の砂糖やチョコレートを戦場に送った。さしいれの小包の費用は自分でかせぐと言いはって、木材をたばねて薪をつくり、それを両親に売って得たお金で品物を買った。こうした子どもの素朴な熱狂や自己犠牲（小さな子どもにとって、砂糖や復活祭の大きな卵型チョコレートを我慢することほどつらい犠牲があるだろうか）は、戦争中にはめずらしいことではない。

しかし、シモーヌは戦争の現実や前線の状況にふかい関心をもった。たとえば、塹壕《ざんごう》でなにがおこなわれているかを文通相手の兵士に質問し、「残念ですが、そういうことは口外してはならないことになっているのです」という返事をもらった。小包がある兵士にとどかなかった話をした大伯父に、「その品物をくすねたのはたぶん将軍よ」と言いかえして、怒らせたこともある。幼いながらもシモーヌは、戦争の裏側をかいま見ていたのである。

一九三八年、彼女はカトリック作家ベルナノスへの手紙で、子ども時代の記憶にふれている。

父とともに

> ヴェルサイユ条約のとき、わたしは一〇歳でした。戦争中の子どもたちがそうであるように、わたしもまた熱烈な愛国者でした。うち負かされた敵をはずかしめようとする意志が、当時（そして戦後も）いたるところにあふれかえっていました。それはとてもおぞましいもので、おかげでわたしの単純な愛国主義は、これをかぎりに完全にいやされました。自国が他国にくわえる屈辱は、自国がこうむる屈辱よりも、はるかに耐えがたいものだからです。
>
> （『歴史・政治論集』）

フランス国民の多くが戦勝に酔いしれていたとき、一〇歳のシモーヌは冷静に事態を観察していた。「子どものころから、社会的ヒエラルキアにおいて軽蔑されているグループに属すると宣言する集団に、わたしの共感はむけられてきました」、あるいは「わたしはほんの子どもでしたが、読んだり聞いたりすることすべてにおいて、憐れみの気持ちからというよりは憤りの気持ちから、つねに本能的に、束縛に苦しむすべての人びとの側に自分の身をおいてきました」といった手紙の草稿が示すとおりである。

抑圧された人びとへのヴェーユの「本能的な」共感を示すエピソードがある。高等師範学校の受験準備をしていた時期のことである。彼女は地下鉄で見かけた労働者を指さして、友人のシモーヌ＝ペトルマンに言った。「ただ正義の精神にうながされて、あの人たちが好きだというわけではないのよ。わたしはごく自然にあの人たちが好きなの。ブルジョワよりずっと美しいと思うから」。

思春期の絶望

のちに世界的に有名な数学者となるアンドレは、だれに教わるともなく、四歳で文字を学び、九歳で方程式を解きはじめ、一一歳でギリシア語をはじめるという天才ぶりを示していた。そのため、シモーヌ自身、すぐれた知性に恵まれていたにもかかわらず、そのような兄と比較して自分の知的能力に不信感を抱くことになる。

ドミニコ会士のペラン師への手紙で、晩年のヴェーユは若き日に苦しんだ絶望感について語っている。

13歳のヴェーユ　兄アンドレと

一四歳のとき、思春期の底なしの絶望に落ちこみ、真剣に死ぬことを考えました。自分の生来の能力があまりに凡庸だったためです。パスカルにも比肩しうる少年期と青年期をすごした兄の非凡な天賦の才能を見るにつけ、このことを意識せずにはいられなかったのです。

外面的な成功が得られないことではなく、真理のすまう超越的な王国に一歩も近づけないことを残念に思ったのです。その王国にはほんとうに偉大な人間だけが入れるのですから。真理なしに生きるくらいなら死ぬほうがましでした。内面的な闇を数ヵ月すごしたあと、とつぜん、ある確信を得ました。この確信はいまでも揺るぎません。それはどのような人間でも、たとえその生来の能力がほとんど無にひとしくても、真理を願い求め、真理に到達するために注意の努力をおこたらないならば、天才にのみ約束されているあの王国に入ることができる、という確信です。こうしてその人もまたひとりの天才となるのです。天分に恵まれないために、その天才が外部に輝きでることはないとしてもです。（『神を待ち望む』）

ヴェーユはこのときの体験から、当時はまだ聖書に親しんでいなかったが、「パンを願い求めるならば石を与えられることはない」（マタイ福音書）という確信を得る。真の願望はかならず報われるという確信は、頭が割れるような頭痛や倒れこむような疲労のただなかにおいても、成功の望みがまったくないと思える孤独な闘いのさなかにおいても、彼女を励まし支えつづけることになる。

哲学者アランと高等師範学校

高等師範学校をめざして

シモーヌは、兄アンドレが入学したパリ高等師範学校を受験するため、アンリ四世校の高等師範学校準備学級に入る。三学年で三〇名ほどの学生中、女子学生は、ヴェーユとペトルマンをふくむ三名しかいなかった。女性にパリ高等師範学校受験が認められたのは、ようやく前年度（一九二四～二五）のことだ。ヴェーユはこの名門校で「賢人」という異名を奉られた哲学者アランに出逢う。この師はヴェーユを高く評価し、数ある教え子のなかでも屈指の優秀な学生であると認めていた。ヴェーユのほうでも彼を敬愛し、とりわけ初期の著述にはアラン哲学の影響がはっきりとうかがえるが、他の多くの学生のように師を絶対視し、「師の言葉」を神聖視することはなかった。ある種の成熟した折衷主義ともいうべきアランの思想を、ヴェーユは徹底的に先鋭化しようとし、じっさいそれに成功した。これは他のアラン教徒にとっては、敬虔を欠くふるまいであり、その意味でヴェーユは異端者であった。

ここで個々の学説的な問題にたちいる余裕はないが、おおまかに言うと、アランの影響をつぎの二点にまとめることができる。

「善く考えること」

第一に、哲学にたいする根本的な姿勢である。アランは学説と哲学者を羅列し記憶させるだけの講義はしなかった。「新奇な」学説を主張することもなかった。どうすればプラトンまたはデカルト的な意味で「善く考える」ことができるか、その方法論を教えようとした。アランによれば、哲学にかかわる根本命題は古代においてすべて提出ずみであり、答えもほぼ提出ずみであった。この点でアランの忠実な弟子であったヴェーユは、後年つぎのように記している。

厳密にいって哲学は進化しない。あたらしい思想を哲学に導入するとは、たんに理論的にみて永遠であるばかりでなく、事実に照らしあわせても古典的であるような思想に、あたらしいアクセントをほどこすことにほかならない。この種のあたらしさは無限の価値を有しており、偉大な精神の長期におよぶ孤独な瞑想の実りである。しかし一般に理解されているような意味での新奇さというものはありえない。

（『科学について』）

「科学の未来」と題されたこの論文は、物理学者ド＝ブロイによる著作の論評という体裁をとりながらも、進歩や進化をもてはやす当時の趨勢を皮肉っている。ヴェーユはド＝ブロイの天才的な直感を認めていたが、物理学の新発見が哲学にあらたな貢献をもたらすだろうという彼の主張はきっぱりと退ける。

哲学は進歩も進化もしない。今日、哲学者たちが居心地が悪いのはそのせいである。自分たちの使命を裏切るか、時流にのりおくれるか、しかないからだ。今日の時流とは進歩であり進化である。時流どころか、強制といってもよい。大衆が哲学は進歩しないことを知ったなら、公の支出の一部を哲学にあてることを認めなくなるだろう。永遠なるものを予算に組みこむことは、現代の精神に合わないのである。

（『科学について』）

授業中のアラン　ヴェーユ在学中のアンリ4世校

半世紀たったいまも、ヴェーユが指摘した状況は変わっていない。むしろ、変遷のサイクルが短くなり、大衆は変化のスピードについてゆけないほどなのである。おかげで哲学は密教的な神秘性に包まれ、敬遠され、ときに揶揄《やゆ》されつつも、かろうじて威厳をたもちつづけ、あいもかわらず国家予算の支出に計上されているというわけだ。

「善く生きること」

第二に、思想と行動の一致である。アランにとって「善く考える」とは「善く生きる」の同義語である。「善く生きる」ためには「善く考える」必要がある。これはアランが信奉する古代の哲学者たちの信条でもあったのだが、教師としての彼は学生にこの信念を伝えようとし、さらにこの姿勢を実生活でもつらぬこうとした。哲学者として象牙の塔にこもることをよしとせず、ユダヤ人将校にたいするスパイ嫌疑《けんぎ》に端を発したドレフュス論争にさいしては、ドレフュス派にくみして、人種偏見や狭くるしい愛国主義を批判した。

一九一四年に大戦が勃発すると、四六歳という年齢をおして、この戦争を憎みつつ志願兵として参加した。熱烈な平和主義者であったが、自由に思考するためには、同時代の人びとが直面している不幸を共有すべきだと考えたのである。従軍体験はアランをいっそう徹底的な平和主義者にした。戦時における兵卒の拘束は人間が落ちこみうる最悪の隷属と屈辱であることを実感したからだ。彼の「異端的な」教え子はのちに師と同じ選択をする。ヴェーユもまた、戦争を憎みつつスペイン市民戦争に志願し、第二次世界大戦では抗独レジスタンスに身を投じることになる。

ヴェーユは肉体労働をしながら思考する人間こそが理想だと考え、夏季休暇を畑仕事をしてすごしたが、学生時代のこの試みは、戦火のただなかにあって思考しようとしたアランの意志に連なる。

このとき試みられたささやかな「実験」は、のちによりいっそう社会的な重圧をともなう工場労働、そして農作業というかたちで続けられることになる。

ペトルマンの証言によると、当時のヴェーユは信念と生活にずれがあってはならないと考えていた。信条に一致しないままで生きている人びとを軽蔑し、「わたしが我慢ならないのは人びとが妥協することだ」と言ったらしい。彼女に欠点があるとすれば、かたくななまでの非妥協性、純粋さへの貪欲なまでの欲求であろう。ただし、この欠点は時間の流れとともに、他人にではなく、もっぱら自分自身にのみ向けられるようになっていく。ヴェーユに出逢った人びとはみな、彼女は長生きできないだろうと感じた。純粋であろうとする欲求があまりに烈しかったからである。現実の人生においてこの欲求をつきつめることは、おそらくはきわめて危険なことなのである。

活発な政治活動

高等師範学校に入学したヴェーユは、いっそう積極的に政治的活動にかかわるようになる。これらの活動は青年特有の正義感や高揚をうかがわせる。とりわけ高等師範学校では活発な政治活動がくりひろげられ、優秀な学生ほど熱心に活動する傾向があり、その多くはアンリ四世校でのアランの教え子でもあった。彼らは権力への不服従を市民としての義務であると感じていたので、いささか子どもっぽい情熱をもって、この義務を学校当局の代弁者たち、すなわち保守的な教授連にたいして忠実に遂行した。

ヴェーユもまた、校長のブーグレ教授や自分の卒業論文の指導教官であるブランシュヴィク教授を悩ませることに熱中する。伝記作家ジャック＝カヴォーやペトルマンは、ヴェーユとブーグレ校長との数多いエピソードを報告している。募金にやってきたヴェーユに、ブーグレはこの献金を匿名にするよう命じてから二〇フランを寄付した。すると数日後、黒板には「校長先生の例にならいたまえ。失業基金に匿名で寄付せよ」と書かれていた。

ブーグレはこの生意気な学生の卒業にあたり、「アカの乙女については、偉大なる夕べにそなえて爆弾作りに専念していただこう」と言った。「アカの乙女」とはパリ－コミューンで活躍した女性革命家ルイーズ＝ミシェルのあだ名であり、「偉大なる夕べ」とは極左革命家が体制転覆をはかる試みをさす。ヴェーユを極左危険分子とみなしていたブーグレは、彼女が大学教授資格を得て、赴任地の決定を待っていたころ、「アカの乙女はできるだけ僻地に送ることとしよう。これ以上あの娘の噂を耳にしないですむように」と言ったとも伝えられている。

特権返上の請願

一九二八年、高等師範学校の学生たちは、兵役準備反対の請願運動に突入した。彼らにも兵役準備が義務づけられていたが、これにしたがえば無条件で将校になれた。一般の若者よりも短期間で、しかもより有利な条件で兵役準備をすますことができるのだから、高等師範学校の学生にとって、この制度はむしろ特権であった。ところが学生たちはこの特権を返上した。つまり、兵役準備を任意にすべきだという嘆願書を提出したのである。兵役準備をすまさずにいることは、卒業後にたんなる一兵卒としての徴集を受けいれることを意味していた。意図は高邁《こうまい》である。特権階級の将校としてではなく、一般の人びとと同じ劣悪な条件で兵卒として従軍することを選ぶ権利を要求していたからである。

もちろん女子学生にこの義務は適用されなかったから、ヴェーユは署名することができなかったが、男子学生たちの署名を熱心に集めてまわった（とうぜんながら、ブーグレ校長は彼女によけいなおせっかいをやくなと言った）。男子学生のほぼ半数にあたる八三名が嘆願書に署名し、この嘆願運動は世論の非難を買うことになる。請願の背後にあきらかな反戦の意図や権力者への批判がみられたからである。

大半のマスコミはこぞってこの運動をこきおろし、高等師範学校が矢面に立たされた。「共産主義と社会主義とシオニズムの連合軍のさいごの支持者たちは高等師範学校に潜んでいる。あまりに大量の知識をつめこみすぎたので、反省能力や判断能力をにぶらせてしまったのかもしれない」「これら八三名のアナーキストの同調者どもの奇妙な精神構造は、とうてい正常《ノルマル》とはいえないし、ましてや優秀《シユペリウル》といえる代物ではない」などと多くの新聞が書きたてた（「正常《ノルマル》」「優秀《シユペリウル》」は「師範《ノルマル》」「高等《シユペリウル》」にかけた語呂あわせである）。

アランはこの運動のうちに、仲間に命令することや権力をふるうことをよしとしない姿勢を認め、

「服従することを好まない人間は、命令することを好まない人間でもあるという考えかたには、おおいに注目すべき美しいものがある。この高貴な種族に属する人間がふえてきている」と記した。しかし、文部大臣は学生の嘆願書を甘やかされた子どもの悪ふざけとして黙殺した。

物議をかもしたわりにはおそまつな結末に終わったが、ヴェーユがかかわったさまざまな政治活動のありかたを端的に物語る事件である。同時に、当時の保守系の煽動的なマスコミや一般の人びとにとって、共産主義、社会主義、シオニズム（ユダヤ人の故国復帰運動）、アナーキズムがほとんど同義であったことは興味ぶかい。

ヴェーユは両親のリベラルな教育方針のせいで、ユダヤ教の会堂に一歩も足を踏みいれたことはなく、ましてやシオニズムにはなんの共感も抱いていなかった。にもかかわらず「レヴィ族のアカの乙女」というレッテルにつきまとわれ、赴任地ル＝ピュイではさらにはげしい集中砲火にさらされることになる。

あるがままに愛する

ヴェーユは共産党への加盟を考えたことはなかった。当時の多くの知識人が共産党員であり、ソ連のスターリニズムが幻滅をもたらす以前のこの時期に、彼女のような人間がコミットメントをためらったのはなぜだろうか。彼女が心情的に親近感をもっていたのは組合主義《サンディカリズム》であるが、この組織ともつねに一定の距離を保っていた。アランと同じく彼女もまた、労働者の解放は労働者自身が実現すべきで、組合活動において知識人は援護射撃にとどまるべきだと考えていたので、援助は惜しまなかったが、たとえ求められてもリーダーシップはひきうけなかった。

なんらかの特定の集団に属することについても慎重であった。どのような性質の集団であっても、集団のみがもつ成員におよぼす有形無形の拘束力を怖れた。忠誠心や仲間意識といった名のもとに、冷静な判断力が左右されることを懸念したのである。

しかし反面、はっきりした信念をもって行動しようとする人びとを尊敬していた。彼女にもはっきりした信念があり、その信念にしたがって自分がしたことの責任をひきうける覚悟もできていた。だからこそ信念にすこしのかげりや迷いがあってはならなかった。

晩年、カトリシズムに共鳴して、洗礼をうけるかどうかで迷ったとき、あと一歩のところで思いとどまったのも、いくつかの重大な疑問を残したまま改宗することは、自分にたいしてもカトリシズムにたいしても不誠実だと考えた。教会もまた他のすべての集団と同じく社会的集団であるという事実が、最大の障害であった。あらゆる社会的集団は、他の社会的集団との相違を誇張することによって、あるいは対立する社会的集団への敵意や軽蔑を利用することによって、自己のアイデンティティを確立し、成員どうしの連帯感を高めることがある。ヴェーユは自分がこのようなメカニズムにまきこまれることを嫌ったのである。

受洗をこばむ理由について述べた手紙の一節を読むと、彼女が自分の「使命」（あるいはより宗教的な意味での「召命」）をどのように理解しているかがわかる。

わたしには本質的な欲求があります。これを召命と呼ぶこともできます。さまざまな人間的環境に入りこんで、人びとと混じりあい、同じ色を身にまとい、良心に反しないかぎり、あらゆる点においてひとつに溶けあってしまうことです。それというのも、彼らがわたしに自分自身を飾らずに見せてくれるようになるためです。彼らをあるがままに知って、あるがままの姿を愛したいと願っているからなのです。あるがままの姿で愛さないならば、わたしが愛しているのは彼ら自身ではなく、わたしの愛も本物ではないのです。（『神を待ち望む』）

創意工夫にあふれた卒業論文

高等師範学校の卒業論文を読むと、ヴェーユが政治活動にばかり熱中していたわけではないことがわかる。「デカルトにおける科学と知覚」は創意工夫にあふれる論文であると同時に、当時の（そして現在の）アカデミズムにたいする一種の挑戦でもある。良い点をとろうなどという意図はまったくみられない。指導教官のブランシュヴィクは、この論文に二〇点満点中一〇点をつけた。合格ぎりぎりの点数である。しかも不合格は退学を意味していた。良識ある教授としては最低の妥協点だったのであろう。

ブランシュヴィクの思考や方法論はアランとは正反対であった。彼はパスカルの『パンセ』の編纂者としても有名であるが、思考の領域における進歩主義の信奉者であった。膨大な知識量と博学を誇り、詳細な脚注と豊富な文献引用をよしとするアカデミズムの体現者でもあった。

デカルトの著作からの引用をまじえた論文第一部はともかく、第二部となると引用文はひとつもなく、ヴェーユ自身の仮説がのびのびと展開されている。独創的な思考のひらめきがみられるものの、ブランシュヴィクのような立場の人間からみれば、おそろしく独断的で、歴史的な反省に欠けた習作である。思考や創意の努力よりは、知識の陳列や精密な論証の努力が要求されるこの種の論文としては異例のものであり、「学生らしい」研究成果を期待していたブランシュヴィクを仰天させるに十分な内容であった。

この論文のもくろみは大胆不敵である。デカルトが最低必要にして不可欠な命題とした「ワレ思ウ、ユエニ、ワレ在リ」を文字どおり実行して、自分の思考世界を再構築しようという試みだからだ。

ヴェーユは提案する。デカルトのそなえていた天才をまったく欠いてはいるが、真理を願い求める欲求においてはひけをとらない「もうひとりのデカルト」を主人公にして、思考の冒険に出かけようと。デカルト的であるとは、「すべてを疑うこと、ついで、それが明晰かつ判明であるかぎりにおいてであるが、自分自身の思考にしか信をおかず、デカルト自身の権威もふくめて、いかなる

パリ高等師範学校の正面玄関

種類のものであれ、いっさいの権威に最小の信頼すらよせることなく、すべてを秩序立てて検証すること」だからだ。デカルトの『方法序説』第一部によれば、「この世でもっとも公平に配分されている」ものは「良識」すなわち理性的な思考能力である。しかも、「真理と虚偽を識別して正しく判断する能力」が万人にそなわっているという事実は、「万人が生まれながらにして平等だということを証明する」ことになる。このデカルトの主張は、「すべての人間は天才となりうる」という、一四歳のヴェーユが思春期の危機をのりこえて得た確信につうじる。学生時代に彼女がもっとも愛した哲学者がデカルトだったのも偶然ではない。万人の根源的平等というけっして自明ではない命題を、デカルトは方法論的懐疑をもって果敢に論証しようとしたからである。

ルーピュイ哲学教授時代

大学教授資格試験に合格した二二歳のヴェーユは、ブーグレの希望どおり、南仏の小都市ルーピュイの国立女子高等学校に哲学教授として赴任する。

哲学教授として赴任

この街の小高い丘には、「ルーピュイの赤い聖処女《ヴィエルジュ・ルージュ》」と呼ばれる青銅の聖母マリア像が立っている。ヴェーユは大喜びで銅像の絵はがきを買い、自分を「アカの乙女《ヴィエルジュ・ルージュ》」と呼んだ親愛なるブーグレ校長に送りつけた。

ブーグレはヴェーユを遠隔地に送りこむことに成功したものの、彼女のことをもう耳にしたくないという彼のもうひとつの希望はかなえられなかった。「ルーピュイ事件」と呼ばれる一連のできごとが、赴任まもないリセの一女性教授をいちやく「有名人」にし、その噂はパリにも聞こえてくるようになったからである。

「事件」の発端

一九三一年一二月一七日、ルーピュイ市長に嘆願書を出そうとした失業者の代表団のなかに、ヴェーユの姿があった。市長がとりあわないので、その夕刻、陳情団は直接談判をするために市議会に出かけ、彼女も同行した。市議会の閉会時に嘆願書を提出しようとしたものの、現場の雰囲気にのまれて狼狽《ろうばい》していた仲間のかわりに、彼女が発言を求めた。この介入のせいで、失業者の代表団による市議会への陳情という日常茶飯事のできごとが、市議会と世間一般の耳目を集める大事件へと発展してしまう。

「会議室は作業着姿の労働者たちによって突如として埋めつくされた。彼らはひとりの婦人参政権論者に率いられて分隊をなしていた。彼女はまだうら若い人物で、微笑みをたたえつつも威厳をもって自分の軍隊を律していた」と、保守系の地方新聞は報じている。この記事はヴェーユを「薄絹のストッキングをはき、眼鏡をかけたインテリ女性」と描いたうえで、その「才能に応じた報酬で月末には財布をたんまりとふくらませることができ、自分が失業する恐れはまったくない、取得資格から推察するに学識ゆたかとおぼしきこのご婦人（しかも哲学教授である！）は、デモを組織し騒乱をおこそうとしている」と非難し、ついには「くさった土壌に芽をだすキノコよろしく、貧しい人びとの悲惨を糧に繁茂する出世願望のインテリ」ときめつけた。

もってまわった言いまわしのかげに記者の偏見がうかがわれる。なんらかの主義主張をもった女性はみな「婦人参政権論者」ということらしい。もちろん、ヴェーユがじっさいに着用していた厚手の綿のストッキングを「薄絹のストッキング」にみたてるほどの洞察力をもってしても、月末になっても財布がさほどふくらまない事実など知るよしもなかった。彼女は両親の家を離れて自立した生活をはじめるにあたり、新任の小学校教員の給料（月給六百フラン）にあたる金額しか自分のためには使うまいと決意し、かなり切りつめた生活を送っていた。大学教授資格者の給料は、この記者が指摘したように、一般の教員や勤労者とくらべて格段に良かったのだが、その差額は労働組合や失業者の救済組織や新聞雑誌に送られていたのである。

ルーピュイのリセで教え子に囲まれて
1932年春

呼びだしと反駁

「事件」の数日後、ヴェーユは大学局視学官に呼びだされて質問をうけた。

(1) 失業者を誘導したのか。

(2) 市議会を出たあと失業者の一団とカフェに入り、全員の酒代の支払いをしたか。

(3) 翌日、共産党機関紙「ユマニテ紙」を手にミシュレ広場をよこぎり、ひとりの失業者と握手をしたという噂はほんとうか。

現代人にはばかげた質問とうつるだろう。しかし当時、ルーピュイのような小さな街で、女性が男性とカフェに入ることはいかがわしい行為とされていた。おまけに、哲学教授と失業労働者という組みあわせが、いかにも奇異な印象を与えた。ヴェーユがその「名誉ある」肩書きにもかかわらず、校門前で（問題の砕石作業場は校門の目と鼻の先にあった）労働者と握手したことが、「良識ある」市民たちの眉をひそめさせたのである。

ヴェーユは「カースト制度の残存」と題した一文を発表した。

大学行政は人類の文明にくらべて数千年は遅れている。いまだカースト制度の段階にあるのだから。

この行政にとっては、インドの時代錯誤の部族にみられるような不可触賤民《アンタッチャブル》なる階級《カースト》があるらしいのだ。リセの教授が、やむをえぬ場合には、密室でしばしば会うことはいたしかたないが、ミシュレ広場でその人たちと握手をしているところを生徒の親たちに見られるようなことが、ぜったいにあってはならぬとされるような人たちが存在するのである。

この人たちは経済恐慌のせいで仕事につけず、あきれるほど安い賃金で市のために砕石に従事せざるをえなくなった労働者たちである。

彼らが例の教授と話をしながら、かくも苛酷な労働ですりへった活力を回復させるために葡萄酒を飲んだことが、大学行政当局の眼には、きまってスキャンダラスなものとうつるのだ。なぜだろう。まったく理解できない。

生徒たちの反応

クリスマス休暇の直前、ヴェーユ左遷の噂を聞いたリセの生徒は弁護運動をおこした。娘に説得された親たちは、ヴェーユを現職にとどめてほしいとの嘆願書を全員一致で作成した。翌三二年一月三日、文部省に出された嘆願書は、「その講義ぶりや職業的良心により、ヴェーユ嬢は生徒の共感と尊敬をかちえました。教育方針はつねに公正公平でありま す。講義ノートがそれを証明してくれます。彼女は指導している若い娘たちにもっとも好ましい影響をおよぼしているのであります」と訴えている。

生徒たちはこの一風変わった哲学教授を「シモーヌさん」という愛称で呼んでいた。ある教え子の回想によると、ヴェーユは型やぶりの教官で、生徒のためには骨身を惜しまなかった。ラテン語ができないために大学入学資格試験が危うい生徒には、無償でラテン語の個人教授を申しでた。生徒たちが数学史に関心があるとみるや、数学史の課外授業を提供した。もちろん全員が出席した。ヴェーユは教育者としての義務をりっぱにはたしていた。生徒に愛されていただけではない。授業を参観した大学局視学官は、授業内容が高度であるにもかかわらず、生徒がよく理解していることに驚き、かなり好意的な報告書を文部省に提出することになる。

ヴェーユへの非難・中傷　一月一二日、失業者たちはデモをおこなう。こんどは新聞もヴェーユを遠慮なく名ざしで批判し、カトリック陣営からの攻撃もはじまる。「リセの一女性教授がルーピュイの失業者を教唆煽動《きょうさ》している」と新聞は非難し、司祭はルーピュイ大聖堂の祭壇からヴェーユの行動を非難し、「反キリストがルーピュイに出現したらしい。そいつは女なんだが、男の服装をしているそうだ」という風評がたった。

ヴェーユの政治的立場の歪曲や人種的偏見をあらわにした報道にもことかかない。「この戦闘的モスクワ分子は、フランス人の娘たちをモスクワ理論で毒しようとしている」「レヴィ族のアカの乙女にして、モスクワ福音書の伝道者」といった表現で個人攻撃をおこなった。

ニュースはルーピュイのあるオートーロワールの県境をこえ、いまやパリの週刊紙までがヴェーユ非難の大合唱に加わる。「ルーピュイの国立女子高等学校の哲学教授でユダヤ人のヴェーユ嬢が、この街で失業者たちのデモの先頭に立ってなにをすることができるのか、という質問がある。かんたんだ。ヴェーユ嬢はモスクワの戦闘分子なのだ」と。

ヴェーユにむけられた中傷は三つに分類できる。

(1) 社会の（階級）秩序を無視するアナーキスト
(2) 労働者たちを煽動し、社会に騒乱をもたらすコミュニスト
(3) フランスの宗教的・思想的純潔を脅かすユダヤ人（レヴィ族）

第三の指摘はたんなる下品な中傷としても、第一の批判は歪曲されているが的はずれではない。当時のカーストまがいの階級制度、恐慌の影響をただちに社会的な弱者のみがこうむるシステムを、たしかにヴェーユは否定していた。今日このような社会システムをあからさまに肯定する者は少ない。しかし人権の擁護者を自認するフランスでさえ、ほんの六〇年前には、ヴェーユのような民主的な主張は、一般市民のあいだにこれほどの反発をひきおこしたのである。

第二の批判はさぞかしヴェーユを苦笑させたであろう。なんの組織にも属さず、当時の主流であったスターリン主義をおおやけに批判していた彼女は、「正統派」コミュニストからみれば、「異端分子」にほかならなかったのだから。

さらに、今日ヴェーユを「聖者」とみなすカトリック信者が存在することを考えれば、かつて彼女を「反キリスト」つまり「悪魔」と断じたのが熱心な信者たちであったことも皮肉である。

ヴェーユ擁護と転任　一月一四日、ルーピュイの国立男子高等学校のヴィヤール教授が、ヴェーユ擁護文を革新系の新聞に発表した。

失業者や飢えた人びとが存在するのはいずこも同じである。ひとりの教授が彼らの悲惨な状態に心をとめた。彼女は彼らとつきあうようになり、小銭を恵むためではなく、励ましと友情のしるしとして手をさしだした。職のない一団につきそって市庁舎に出かけ、彼らが市議会の閉会直前に要求書を提出するところにたちあったが、彼女自身はほとんど口をきかなかった。それ以来、ささやかだが失業者対策が考慮されはじめた。しかしそれではすまなかった。当局はこの若い女性公務員を告発したのである。彼女の唯一の罪とは、毅然《きぜん》とした人間的で気高い態度、彼女のような地位にある人間がだれひとりとる勇気のなかった態度、まともな心情の持ち主であるならば、共感と賛嘆の念をおぼえるしかない態度をとったという、ただそれだけのことなのである。

オート＝ロワール県の小学校教員組合もヴェーユ擁護にたちあがる。「シモーヌ＝ヴェーユ事件」と題された報告書の一部にこう書かれている。

シモーヌ＝ヴェーユにその気があれば、失業者たちの運動を指導することもできたであろう。しかし真理にかけて言うが、彼女は自分の影響力を行使しようとすらしなかった。失業者たちを助け、彼らの「役にたちたい」と思ったのだ。
彼女はなにをしたのか？
われわれみんながしなければならないことを、である。

かねてから知識人主導型の労働運動に否定的だったアランは、今回の事件について、教え子の「若気のいたり」による無邪気な暴走に苦笑しつつも、ヴィヤールにあてた手紙のなかでヴェーユを弁護している。

わたしはあのシモーヌ＝ヴェーユという子どもに満足している。あのようなできごとは彼女の年齢のなせるわざだ。有益というよりは美しいできごとだ。「労働者の解放は労働者自身がなすべき仕事」ということをあらためて心すべきケースだろう。原則として、わたしはできるかぎり彼女を弁護するつもりだ。
彼女に、あの人の良い子どもに、わたしからよろしくと伝えてくれたまえ。そして、くれぐれも行政当局を笑いとばすことをやめぬように言ってやってくれ。

「女性の権利のためのフランス同盟」の会長も、「当局はこの若い大学教授資格者に、こばめば免職という脅しをちらつかせながら、高等学校前の広場で砕石をしている労働者と話すのをやめろという命令を通達した。これが現状なのだ、二〇世紀の世の中だというのに」という文章を新聞によせて、ヴェーユの行動を支持し、当局の古くさい感性を批判した。

労働組合運動の仲間も手をこまねいてはいなかった。彼らはヴェーユの行動を支持する組合議決文を新聞紙上に発表した。その骨子はつぎの五点からなる。

(1) 国家公務員といえども、その職務を離れれば、すべての市民と同じく、どのような政治的・社会的思想であれ、これを擁護することができる。

(2) デモへの参加という事実が職務違反を構成することはありえない。

(3) シモーヌ＝ヴェーユの職務態度は、職業的見地からみて非のうちどころがない。

(4) 事件後も、すべての生徒および両親が、彼女に揺るぎない信頼をよせつづけている。

(5) したがって、今回の行政処置のほうこそ「スキャンダラス」である。

ヴェーユへの攻撃のほとんどは感情的で、事実の重みにも説得力にも欠けていたので、とうぜんながら懲戒処分は見送られた。しかし翌年、ヴェーユはオセールの国立高等学校への転任を命じられ、ていよくル-ピュイから遠ざけられることになる。

ヴェーユが投げかけるもの

シモーヌ＝ヴェーユという存在は、対立者または仲間の心のなかに、それが反発であれ賛嘆であれ、いずれにしろ強烈な感情をひきおこさずにはいない。良きにつけ悪しきにつけ無視できない存在である。さもなければ、さほどめずらしくもないできごとが、あれほどの反響をひきおこすことはなかったであろう。

人びとはヴェーユの突出したある一面をみて、なんらかのレッテルを貼って分類しようとする。彼女のような人間にイメージ的なレッテルを貼りつけることは容易である。「アナーキスト」「極左革命分子」「組合活動家」「抗独レジスタンス」「キリスト教神秘家」「精神的マゾヒスト」「博愛主義者」など、枚挙にいとまがない。だが、ヴェーユの思想の全貌を知れば知るほど、レッテル貼りの無意味さがあきらかになる。どのような社会的カテゴリーにもおさまりきらないこと、これこそが彼女の本質をなしているからだ。

しかし、彼女の思想や活動の根底に流れているものは、それがさまざまな陣営からどう名づけられたにせよ、つねに変わることはなかった。社会の底辺で経済的・心理的・道徳的な劣等感をうえつけられ、抗議の声をあげることさえできずに、踏みつけられ苦しんでいる人びとと同じ立場にたち、抑圧された人びとの側にわが身をおき、彼らと協力して、不幸な状況をきりひらく努力を惜しまないこと、これこそヴェーユが選びとった生きかたなのだ。

「ふたりのシモーヌ」?

一方に、熱心な組合活動家で無神論者だった青年期のシモーヌ＝ヴェーユ、他方に、キリスト教の神秘主義者を思わせる晩年のシモーヌ＝ヴェーユというように、「ふたりのシモーヌ」の存在を主張する人びとがいる。たしかに、初期の著作とマルセイユ以降の著作とでは、あつかう主題も方法論もかなりちがうようにみえる。「ふたりのシモーヌ」説に傾く人びとは、本書で後述する「キリスト体験」を分岐点とみて、ヴェーユの全生涯をはっきり二分できる異質な生の非連続的なパッチワークと考える。

「キリスト体験」が彼女の生涯に決定的な衝撃をもたらしたことは疑いない。しかし、その衝撃は「晴天のへきれき」ではなかった。ひそかに、だが着実に準備されていたものが、ひとつの出逢いをきっかけに実りを結んだと考えるほうが妥当であろう。いわば「キリスト体験」はひとつの論理的な結果であって、未知の世界への入口ではなかったのだ。

ヴェーユの生涯は、異質とみえるいくつかの時期から構成されているにもかかわらず、一貫した連続性をたもっていたと筆者は考える。前半生のさまざまなエピソードや形成途上にある思想について語るときに、できるだけ後年のヴェーユの行動や思想との関連性を浮きあがらせるよう留意した。信念と生活の遊離をみずからに禁じたシモーヌ＝ヴェーユの思想の軌跡を追うことは、とりもなおさず彼女の生の軌跡を追うことでもある。まず思想が行動を規定し、実践された行動がさらに思想を修正し深化していくというように、その思想と行動はたゆまぬ弁証法的な緊張関係にあったのである。

II　激動の三〇年代

工場体験

未熟練工として

一九三四年一二月から翌年八月にかけて、ヴェーユは未熟練工として工場で働く。労働者の実態を体験したいというかねてからの望みを実行したのである。しかし、当時の劣悪な工場就労はみるまに彼女の心身の健康を破壊する。女工生活の七週目の日記にこう記されている。

疲労が重なると、自分が工場にいる理由までも忘れ、こういう生活がもたらす最大の誘惑に負けてしまいそうになる。もうなにも考えないという誘惑だ。それだけがこれ以上苦しまずにすむ、ただひとつの方法なのだ。土曜の午後と日曜にようやく記憶や思考の断片が戻ってきて、自分もまた考える存在だったことを思いだす。自分がいかに外的な状況にたえず左右されているかを確認して、みじめな気持ちになる。週末休みもぬきで仕事をさせられるという状況になれば――じっさい、そういう可能性もあるわけだが――それだけでもう、わたしは従順であきらめきった駄獣になりきってしまうだろう。

（『工場日記』）

工場の身分証明書の写真

持病の偏頭痛と不器用さ、工場労働の不馴れ、さらに就労期間の短さを考えるなら、若い哲学教授の報告や体験を、そのまま客観的なデータとみなすことはできない。みずから期間を定めて、みずから選びとって身をおく環境から得るものと、仕事の種類や期間を選ぶことすらままならない一般の労働者が体験するものとは、おのずからことなる。しかしヴェーユ自身は、この体験を境になにかが決定的に変わってしまったと感じた。工場労働の実態はある意味で予想していたとおりであったが、にもかかわらず、彼女の精神状態は予期せぬ変化をこうむることになる。

女工になって二ヵ月目、彼女は組合活動の仲間アルベルティーヌ＝テヴノンに、つぎのような手紙を書いた。

この体験によって、わたしの個々の考えが変わったわけではなく、むしろ逆に多くのことを再確認しました。けれど、もっと重要なことは、ものの見かたや人生にたいする感情そのものが変わったということです。歓びなら今後も感じることはあるかもしれません。しかし、心の軽やかさといったものとは、今後もずっと無縁であろうという気がします。

（『工場日記』）

出来高払いの女工として、四六時中、監視され罵倒《ばとう》される生活に馴れきってしまったころ、ヴェーユはいつものようにバスに乗ろうとして、ふと奇妙な感慨を抱く。

「奴隷の烙印」

どうしてわたしが、奴隷であるこのわたしがバスに乗れるのか。ほかの人と同じように一二スー出してバスを利用できるのか。とてつもない恩恵だ。こんな便利な輸送手段はおまえにはもったいない、おまえなんか歩けばよいと言われて、あらっぽくバスから引きずりおろされても当然だと思える。隷従状態にいたせいで、自分にも権利があるのだという感覚をすっかり失ってしまったのだ。

（『工場日記』）

労働者にまじって生活しているうちに、自分は生まれながらの労働者で、これからもこの境遇は変わることがないと思うまでになっていたのである。だれもがこのような感受性をそなえているわけではない。ほとんどの人間は屈辱的な状況にあるとき、過去の安逸や栄誉に思いをはせるか、将来の復権に希望をたくして、現在の苦しみを一時的に忘れようとする。ヴェーユが「真空を埋める想像力」と呼ぶメカニズムである。事実の直視をさまたげるこのメカニズムに屈することを、日ごろから自分に禁じていたからこそ、ヴェーユは自分をおおっていた不幸をあますところなく味わうことができたのだ。

おそらく、このような精神構造の人間は、人よりもいっそう苦しむことになるだろう。麻酔をしないで手術を受けるようなものだ。しかし、ヴェーユはあえて麻酔のもたらす恩恵を拒否した。工場とはどういうところかを、身にしみて知る必要があったのだ。事実の注視がもたらした心身の破壊を考えるならば、代償は大きかったが、得たものもたしかに大きかった。

この間の事情は、七年後にペラン師にあてた手紙からもうかがえる。

わたしは身も心もぼろぼろになっていました。不幸とのこの接触はわたしの若さを殺してしまいました。それまでは不幸の経験といえば自分自身のものしかなく、それに自分の不幸でしたから、さして重要なものとは思えませんでした。しかも、生物学的なもので社会的なものではなかったので、半-不幸にすぎませんでした。世界には多くの不幸があるということを知っており、そのことが頭から離れませんでしたが、長期にわたる接触で不幸というものを確認したことはなかったのです。

ところが、だれの眼にも、自分の眼にも、工場で無名の大衆といっしょくたになっているうちに、他の人びとの不幸がわたしの肉と魂とに入りこんできました。わたしはほんとうに自分の過去を忘れさり、どんな未来も期待していませんでした。当時の疲労を乗りこえて、なお生きのびることができようとは考えられなかったからです。工場でこうむったものは、わたしに永続する印を刻みこみました。いまでも、だれかに横柄でない態度で話しかけられると、だれであれ、どういう状況であれ、それはなにかのまちがいで、そのまちがいは残念ながらすぐにも訂正されるだろう、と思わずにはいられません。わたしはあそこで生涯消えることのない奴隷の烙印を受けたのです。賤しい奴隷の額にローマ人が熱い鉄で焼きつけたあの烙印のように。あれ以来、わたしは自分をそういう奴隷のひとりであるとみなしてきました。

（『神を待ち望む』）

この引用はヴェーユの「不幸論」を理解するうえで重要である。個人的で生物学的な偏頭痛という要因、すなわち「半-不幸」が、後年の「不幸論」を準備する母胎となったことに注目すべきだろう。そして、この「半-不幸」という個人的な素材に社会的な次元を加えることによって、十全な意味における「不幸」をヴェーユに示すきっかけとなったのが工場体験である。それまでは抽象的な認識にとどまっていた「世界の不幸」が、現実の不幸な人びととの生々しい接触によって、彼女の「肉と魂とに入りこんできた」のである。

ポルトガルの休暇

九ヵ月の女工生活を終えたヴェーユは、文字どおり身も心もみじめな状態で、これまたみじめなポルトガルの漁村で休暇をすごす。月の明るい夜、さびれた浜辺につどう人びとが、村の守護聖人の祝日を祝っていた。

漁師の妻たちがローソクを手に、小舟のまわりを並んで歩きながら、どうみてもたいそう古いものと思われる、胸がはりさけるほど悲しげな聖歌をうたっていました。そのようすを伝えることはとてもできません。ヴォルガの舟曳き歌はべつとして、あれほど悲痛な歌を聴いたことがありません。キリスト教はなによりも奴隷の宗教であり、奴隷たちはこれを信じずにはいられないのだということを、そのときわたしは突如として確信しました。わたしもまたそういう奴隷のひとりだったのです。（『神を待ち望む』）

「奴隷」とは、人間的な権利をすべて奪われた者のことだ。工場体験をつうじて、ヴェーユは「自分にはなんの権利もない」ことをさとり、「なんの権利もない、このことを民衆は理解している」と復帰後の教壇で語ることになる。

フランス革命にはじまる多くの人権宣言がうたいあげる「基本的人権」なるものは、現実にはけっして「奪うべからざる」ものでも「神聖にして侵すべからざる」ものでもなかったことが、歴史においてうんざりするほど繰りかえし証明されてきたのである。

権利と義務

ヴェーユの同時代人であり、ユダヤ人であるがゆえに国を追われた政治哲学者ハンナ＝アレントは、反ナチズムと反全体主義の立場から独自の政治理論を展開し、その大著『全体主義の起原』で、近代の「国民国家」の理念が生まれて以来、権利要求が実効力をもつのは、その要求がなんらかの政治共同体に支えられている場合にかぎることを主張した。近代以降、ユダヤ人をはじめとする、亡命によって大量に生みだされた無国籍者たちは、「諸権利を有する権利」を確保してくれる国家という後ろ盾をもたず、いっさいの権利を奪われる危険にさらされている。人間であるという事実からはなんの権利も生じない。平等という「基本的人権」もまた共同体の裏づけがないかぎり、無力で抽象的な理念にとどまる。

アレントは言う。「平等とは所与の事実ではない。われわれが平等でありうるのは、人間の営為の産物としてのみである。われわれの平等は、みずからの決定にしたがって、権利を保証しあう集団の成員としての平等である」。

国籍という盾に守られているうちは、自分の人間としての諸権利がきわめて人為的な制度に依存していることに思いいたらない。祖国を追われ、祖国を失ってはじめて、当然だと思っていた権利が当然でも自然でもないことに気づく。無条件で不可譲の権利などというものは存在しない。すべては相対的な関係性において決定される。

人間は究極的にはなにひとつ権利をもたない。この瞬間にも増大する一方の、戦争・内乱・貧困による亡命者や非合法移民の例をみるまでもなく、「諸権利を有する権利」の基盤である国籍というものは、われわれが想像する以上に容易に消失しうるものなのだ。

ヴェーユは晩年の著作『根をもつこと』で、偶然ではあるがアレントの主張をいわば逆転させたかたちで、権利の概念について述べている。もっとも、ふたりの論旨は本質的に共通の認識から出発している。ただ、アレントが権利の根拠を国家に求めたのにたいして、そもそも権利の概念を人間の行動規範の基盤にすえることを、ヴェーユはあっさりと放棄する。

重大なことがらにおいて留保があってはならない。行動規範の根拠は、確実で絶対的な土台の上に築かれなければならない。他人の善意や国家という名の社会的な枠組など、さまざまな外部事情に依存せざるをえない権利概念は、基盤とするにはあまりにももろい。権利がすぐれて他律的な概念であるとすれば、義務こそはいかなる状況においても自律的で自己充足的な概念である。

だから、『根をもつこと』はつぎの一節ではじまる。


義務の観念は権利の観念に優先する。

権利の観念は義務の観念に従属し、これに依拠する。権利はそれじたいとしての有効性をもたない。その権利に対応する義務に支えられてはじめて有効となる。ひとつの権利の行使が実現されるのは、その権利を有する人間によってではなく、その人間にたいしてなんらかの義務を負っていることを認める他の人間によってである。

義務はそれが義務と認められたその瞬間からただちに有効となる。たとえだれからも義務と認められない場合でさえ、義務はその在りかたの十全性をなんら失うものではない。しかるに、だれからも認められない権利はなにほどのものでもない。

（『根をもつこと』）

「奴隷」の境遇

マルセイユからニューヨークにかけて、死の一年から数ヵ月前に書かれた「神への愛と不幸」は、ヴェーユの筆になるもっとも美しい文章のひとつであろう。のみならず、後期思想の核心ともいうべき「不幸」の概念が認められるという意味でも、きわめて重要な文章である。そこでは苦しみと「不幸」がはっきりと区別されている。「不幸」は苦しみの特殊な一形態である。「不幸は魂を奪いつくし、魂の奥ふかくにまで食いこむような、不幸に特有の烙印、つまり奴隷状態の烙印を魂に刻みつける」という定義をもって、この論文ははじまる。

「人間は奴隷になったその日に魂の半分を失う」という諺《ことわざ》がある。一見したところ時代錯誤的な「奴隷」という言葉は、ヴェーユ自身がみずから体験した現実から導きだされている。「奴隷」

とは現代人が直面している「不幸」を描写するための比喩である。「奴隷」の無権利状態は、苛酷な運命にもてあそばれた不遇な人だけがこうむる極端な状況ではない。すべての人にあてはまる、人間の在りかたそのものを反映しているのだ。国籍という「自明の恩恵」はいうまでもなく、経済力や社会的地位、家族や友人たちの愛情に恵まれている人間は、自分の根源的な無権利状態を直視せずにすむ。そういう人はまちがっても自分を「奴隷」だと思いはしない。そういう人は「奴隷」状態に落ちこんだ不幸な人びとを、自分とは無縁の存在とみなし、完全に無視するか、いくばくかの施しをして心の平和を得ることができる。

しかし、工場労働者は自分を「奴隷」とみなさざるをえない。工場で人格の尊厳を与えられているのは機械のほうで、代替可能なのは自分なのだという印象を抱かずにはいられない。自分の操作する機械の前で、機械の「奴隷」となっているのは自分のほうだと、いやでも思いしる。工場体験の直後に「モダン・タイムス」（一九三六）をみたヴェーユは、「チャップリンだけが現代における労働者の条件を理解した」と絶賛した。労働者の「モノ化」は加速度的に進んでいる。高度の機械化が人間を隷属から解放するというのは幻想だ。また、ブルーカラー労働者だけが機械に服従しているわけでもない。機械化と先端技術の進歩と普及によって、むしろ、ブルーカラーの「奴隷化」がホワイトカラーにまで波及していると考えられよう。

だれからも権利を認められない人間にはなんの権利もない。そういう人間はみずからを「奴隷」

とみなし、人びとからもそうみなされる。すくなくとも、彼らを人間の根源的な悲惨さから隔てるものはない。彼らの眼から真理をさえぎるものはなにもない。ただ眼をあげさえすればよいのだ。だが、不幸の重圧に身をかがめている人間にとって、まさにこの眼をあげるという行為がむずかしいのだ。

人間としての尊厳の感覚

圧搾《プレス》や旋盤《フライス》にたずさわる女工生活をつうじて、ヴェーユは自分の存在基盤が根本からくつがえされるという体験をする。「自己の尊厳という感覚や自尊心のよりどころである外的な根拠（以前は内的なものだと思っていた）が、毎日の苛酷な強制にうちのめされて、二、三週間で徹底的にくずれさってしまった」。しかし、それでよかったのだ。こうした外的な根拠は、真理をさえぎる遮断幕であり、偽りの慰めを与える幻想にすぎない。こうしたものはきっぱりと退けなければならない。

工場体験の翌年、ヴェーユは手紙にこう書いた。

ある日、このような生活が数週間も続けば、自分は確実に従順な駄獣になりさがるとさとりました。週末休暇もなしに働きつづけなければならなくなったら、いったいどうなってしまうだろうかと考えてぞっとしました。人間としての尊厳の感覚をたもちつつ、女工生活をもちこたえるすべを学ぶまでは、この境遇から抜けでるまいと心に誓いました。わたしは誓いを守りました。しかし、この感覚はさいごの日まで、たえず、あらたに獲得されつづけなければならないと感じました。ともすると、種々の存在条件しだいでこの感覚は奪いさられ、またもや駄獣に逆もどりしそうになったからです。（『工場日記』）

工場体験をつうじて、精神がいかに環境に左右されるかを実感したヴェーユは、つぎのステップとして、工場にとどまりつつ、かつての自分をとりもどそうとする。隷従生活のただなかにあって、なお人間としての尊厳を自負することができるなら、その感覚はもはや外的な根拠には依存しておらず、したがって真に自立的なものといえる。こうして得られた感覚こそ、ただ「奴隷」のみが知る、けっして奪われることのない自由の基盤となるだろう。

魂を蝕む象徴

ヴェーユにとって、労働者はいわば現代の「奴隷」の代名詞である。現代においても、またわが国においても、労働者の状況は当時のフランスと見かけほど変わってはいない。今日、ブルーカラーとホワイトカラーとをとわず、労働者のおかれている状況は、よりいっそう象徴的でソフトな管理形態のもとにあり、あからさまな収奪のメカニズムが見えにくいだけだ。抑圧が巧妙で陰湿であるだけに、よりいっそう深く魂を蝕《むしば》んでいるともいえる。不幸はさまざまな印象や象徴からなりたつ。そのため、意識にとらえにくく、したがって対処がむずかしいのである。

たとえばタイムレコーダがそうだ。工場へは一秒前に到着しなければならない。五分や一〇分前に着いてもしかたがない。中に入れてもらえないからだ。そのくせ一秒でも遅れれば給料にひびく。『工場日記』の一節に記されている。「女たちがはげしい雨にうたれ、開けはなたれた門の前で、時間がくるまで一〇分間も待っている光景に出くわすことがある。職制たちはその門を通ることができる。だが彼女たちは女工なのだ」。

管理職の人間にとって、門は通過するための一地点でしかないが、未熟練労働者にとってはよそよそしい無関心にみちた検問所だ。自分の身分がとるにたらぬものであり、ずぶぬれになって風邪をひいてもいっこうかまわぬ存在であること、病気になれば翌日からでも「取り替えがきく」部品でしかないことを物語る象徴のひとつなのだ。

自分の魂を工場に入るときにタイムレコーダのカードといっしょに預け、出るときに魂を無傷で返してもらうことができたらどんなにいいか。しかし、むしろ逆なのだ。工場に魂をもちこみ、魂はそこで苦しむ。夕方には、魂は疲労のあまり死んだも同然だ。だから、余暇があっても役にたたない。

（『工場日記』）

工場においては機械や部品が主であって、人間は主人に仕える「モノ」である。工場内の空気調節も機械にあわせてあって、そのために人間が関節炎や喘息《ぜんそく》をわずらうことがあるのだから。部品のひとつにすこしでも欠陥が見つかると大騒ぎになるが、女工のひとりが旋盤《フライス》で指を切断したり、髪の一部を機械にまきこまれてけがをしても、「不注意」を叱責されて減俸されるのがおちだ。だから女工たちは事故の報告さえせずにすませようとする。このような一日のはて、余暇は仮死状態になった魂を回復させるために使いはたされる。翌日、魂はふたたび工場ではずかしめをうけて致命傷をこうむる。この不毛な循環が週単位でくりかえされるのだ。

工場では製品の出来にもっぱら注意が払われる。失敗したときにのみ労働者の力量が取り沙汰される。成功して当然なのだから。人間にはだれでも自分の努力や工夫を認めてもらいたいという欲求がある。しかし、むずかしい工程をうまくやりとげた工員に、職制がねぎらいの言葉をかけることはない。仲間も自分の仕事で手いっぱいだ。孤独な作業である。原料、製造工程、機能などを示すレッテルを貼られた製品は、それぞれ固有の顔をもっている。固有の顔をもたないのは工員たちのほうだ。個性は失敗というマイナスのかたちでしかあらわれないのだ。

個人の証明であるはずの身分証明書でさえも、隷属の象徴となりうる。「徒刑囚のように胸に番号をつけた写真の貼ってある身分証明書を提示しなければならないとき」、自分は人格をそなえた人間ではなくて、たんなる番号にすぎないと思いしらされる。

工場において、人体にたえず課せられる、大小さまざまな悲惨のかずかず（ジュール＝ロマンによると、「仕事が要求するのでもなく、なにかの役にたつのでもない、ささいな肉体的苦痛のとりあわせ」）は、こぞって奴隷の境遇を思いおこさせる。それらは労働に必要な苦痛ではない。必要な苦痛なら、耐え忍ぶことに誇りを感じることもできよう。だが、それらは不必要な苦痛なのだ。こうした苦痛はそれじたいとしてはつまらぬものであることが多い。この苦痛がつらいのは、それを感じるたびに、しかもたえず感じさせられるのだが、あれほど忘れたいと思っていること、すなわち工場には自分の居場所がない、そこでは自分は市民権をもたず、機械と製品との仲介者という資格で認められている異邦人にすぎないという事実が、身も心も傷つけるからだ。（『工場日記』）

このような象徴は、魂にじかに切りこむナイフのように、魂の奥底に外部からはうかがいしれない傷を残すことがある。それじたいとしてはあまりに抽象的なので、直接的な苦しみをひきおこすことはない。しかし、そうした象徴が屈辱的な記憶や現象と結びついているとき、それじたいとしては苦痛を与えないにもかかわらず、人間を苦しめる。

ヴェーユは『雑記帳（カイエ）』に晩年つぎのように記すことになる。

たとえば敗戦、そして軍服姿のドイツ兵の光景。
たとえばルノー工場での身分証明書。
こうした象徴が、毎日のように頻繁に姿をあらわすとき、そこには不幸がある。

スペイン市民戦争

スペイン内戦への参加

一九三六年夏、ヴェーユはふたたび教壇を去り、スペインのカタローニャ地方におもむく。人民戦線政府側の民兵として市民戦争に参加するためであった。一九三六年にフランコ将軍は軍部を率いて、社会主義系の人民戦線内閣に反旗をひるがえした。列強諸国の介入によって、この内乱は戦争へと発展していく。一九三九年、フランコ軍は孤立無縁の人民戦線政府を倒し、フランコ独裁の軍事政権をうちたてる。当時すでにファシズム政権を確立していたドイツやイタリアが、積極的に反乱軍に武器と兵力を供給したのにひきかえ、イギリスやフランスなどの列強は中立をきめこんでいた。とりわけフランスの中立はスペイン政府を失望させた。当時のフランス首相レオン＝ブルムが、同じく人民戦線派の社会主義内閣を樹立していたからである。

ドイツとイタリアからの組織的な武力供給に対抗する勢力としては、欧米から集まってきた個人的な義勇兵の一団しかなく、戦わずともすでに勝敗はあきらかであった。それでも、三〇年代の左翼知識人を自負する青年たちは義憤と理想にもえて、人民戦線の戦列に身を投じた。ヴェーユはほぼ開戦と同時にスペインに入国する。この内戦は勃興期のファシズムと反ファシズムがはじめて対決した場であり、第二次世界大戦の前哨戦《ぜんしょうせん》とみることができよう。

平和主義者から義勇兵へ

しかし、なにが徹底した平和主義者であるヴェーユを戦争に参加させたのだろう。あらゆる局面において、ヴェーユは戦争を阻止する運動に加わってきた。「前線における兵士がこうむる隷属は、もっとも苛烈な資本主義体制における労働者がこうむる隷属の比ではない」という師アランの言葉を思いおこすまでもなく、戦争があらゆる人権意識を麻痺させてしまうことを知っていたのである。

高等師範学校時代の一九二九年初頭、熱心な平和主義者であったヴェーユをふくむアランの弟子たちは、ドイツとの和解を実現させるための提案を人権同盟に採択させた。この提案は、ドイツ領からのフランス軍即時撤退、およびドイツ人にとって屈辱的なヴェルサイユ条約第二三一条の破棄をうたっていた。ドイツ人の屈辱感と当然の憤りをなだめることによって、ヒトラーの台頭とドイツの軍国化をくいとめようとしたのである。ヒトラーはまだ完全には権力を掌握していなかったし、ドイツ民衆の不満があの時点でやわらげられていたならば、彼の愛国主義的な煽動はあれほどの熱狂をひきおこさなかったかもしれない。しかし、人権同盟の提案はフランス政府の方針に影響を与えることができず、翌三〇年九月、ヒトラーは権力掌握への第一歩をふみだすことになる。

数年におよぶ反戦の努力が実らず、戦争が現実のものとなったとき、ヴェーユは自分が帰属すると感じる集団とともに、この「不幸」を自分もまた具体的なかたちでになうべきだと考えた。以後、スペイン戦争にたいするブルム内閣の対応に失望して、いざというときに自分の生命をさしだす覚悟のない優柔不断な平和主義者と決別することになる。

一九三八年、彼女はその息子がフランコ軍兵士であったベルナノスに手紙を書いた。ベルナノスはかつて王党派の闘士であったが、戦争のおぞましさについては共通する感性をもっていた。彼の著作『月下の墓地』を読んで、ヴェーユは作者が同じ感性の持ち主であることを直感したのである。

一九三六年七月、わたしはパリにいました。戦争は好きではありません。ですが、戦争でわたしをぞっとさせるのは銃後にある者の状況です。いかに自制しようとも、心情的にこの戦争に参加しないわけにはいかない、つまり毎日毎時、一方の勝利と他方の敗北を願わずにはいられないことを理解したとき、パリは自分にとって銃後なのだと自分に言いきかせました。

（『歴史・政治論集』）

このスペイン行きはヴェーユの友人たちには狂気の沙汰とみえた。あの不器用さでは足手まといになるだけだし、まず生きては帰れまいと思えたのである。死なずにすんだのは、煮えたぎっている油鍋に足を突っこんで大火傷をして、本国に送還されたおかげである。近視と不器用さがこのときばかりは彼女の生命を救ったのだった。じつにその直後に戦況は激化し、多くの女性をふくめた義勇軍の大半は、ペルディグエラで玉砕することになる。

彼女はもっとも危険な前線への配置を希望していたが、人殺しをしたいとは思っていなかった。自分にとって無縁とは思えない戦争において、兵士たちが忍ばなければならない不自由さと危険を共有したかったのである。自分が死ぬことについては覚悟ができていたが、敵兵に銃を発砲しなければならない状況におかれたとき、どう対応するかは決めていなかった。帰国した彼女は、「さいわいなことに、わたしはひどい近眼だから、たとえ人をめがけて発砲しても殺す気づかいはない」と語った。この言葉から推測できることは、命じられれば発砲しただろうが、まず当たらないだろうと思っていたし、内心では当たらないことを望んでいたということだ。しかしこの従軍は「銃後」のジレンマを解消するどころか、いっそう先鋭化させることになる。

思考を麻痺させるメカニズム

ヴェーユは従軍してみて、戦争の醜さと愚かさをあらためて思いしる。合法的な政府を守るための民衆による自発的な武装蜂起が、しだいに組織された戦争へと変貌していく過程において、高邁《こうまい》な理想や正義もまた、暴力や傲慢《ごうまん》や狂言によって変質させられていく。ベルナノスへの手紙でヴェーユは、平時であれば殺人など夢にも思わない穏やかな人たちが、戦場においては、狩猟や屠殺にも似たあっけらかんとした態度で敵を殺すことに、いかにやすやすと馴れてしまうかを目撃してぞっとしたと書いている。

人びとは犠牲的精神にうながされ、志願兵として出兵します。それなのに傭兵戦争にも似た戦争の渦中に落ちこむのです。そこには多くの残虐行為が加わる一方で、敵にたいして示すべき敬意といった感覚は失われていきます。

（『歴史・政治論集』）

一九四〇年ごろ書かれた「『イリアス』あるいは力の詩篇」には、このときの認識が反映されている。戦争の中枢をなす力は本質的に正義とは無関係である。力は善悪とはまったく無縁のメカニズムにしたがう。「正義の戦争」という表現じたいが形容矛盾である。力のメカニズムは、破壊的な力にさらされている者からも、自分はこの力を行使する主体であると自負している者からも、思考能力と正義の判断基準を奪いさる。

生まれた以上、すべての人は暴力を耐え忍ばなければならないが、さまざまな状況から生じる力が、この真理にたいして人びとの精神を閉ざしてしまう。強者といえども絶対的に強くはないし、弱者といえども絶対的に弱くはない。だが、双方ともこのことを知らない。双方とも互いに同類だとは思っていない。

（『ギリシアの泉』）

強者は自分に一時的に託された権力を、自分に本来的にそなわった能力と錯覚し、ついには、その権力のおよぶ範囲がかぎられていることすら忘れてしまう。強者が自滅するのは、このような思考能力のゆがみが原因である。また、強者が自分の権力に屈する人間を軽蔑せずにいることはむずかしい。自分も相手も同じ人間であるという基本的な事実も眼に入らない。人間的な堕落がここからはじまる。他方、弱者にも同じメカニズムが逆方向にはたらく。強者は相手を「モノ」とみなす。弱者は相手を絶対視する。「モノ」化された人間と「偶像」化された人間のあいだに思考はかよわない。なんでも自分の思いのままにできるのに、あるいはなにひとつ思いのままにならないのに、考える必要があるだろうか。思考のはたらく余地がないところに、個人の勝手な意志を押しとどめるものがないところに、正義も思慮も生じえない。

逆にいえば、正義や思慮というものは、同等の重みをもって対立する見解を綜合しようとする意志がないところには生じえない。ところが工場においては、日々の生活苦、疲労、屈辱感が思考能力をすりへらし、戦場においては、敵への憎悪や残虐行為、非日常性、力への恐怖や陶酔が思考力を萎《な》えさせていく。どちらの場合も、思考を停止した人間は「モノ」と化す。工場も戦場もひとしく人間の尊厳をそこなうメカニズムに支配されている。そのメカニズムにしたがって、強者は「野

スペイン民兵服姿のヴェーユ

蛮」となり、弱者は卑屈となる。

ヴェーユは一九三九年に書いた論文「野蛮についての考察」で、ドイツは「野蛮」を、フランスは「文明」を具現しているのだから、いずれは「文明」が「野蛮」を打倒するという、フランス側の楽観的で独善的な風潮を批判している。「野蛮」は特定の民族、特定の時代の専売特許ではない。いうならば権力を手中にした人間のほとんどがわずらう病気なのである。この論文でヴェーユはつぎの命題を提唱する。「人はつねに弱者にたいして野蛮である。あるいは、すくなくとも徳性の力を全面的には否定しないために、こう換言してもよい。天賦の才と同じくらいまれな能力だが、寛大さという能力が発揮されないかぎりは、人はつねに弱者にたいして野蛮である」と。

極限状況での真理

三〇年代の未熟練女工の就労条件やスペイン市民戦争の前線は、たしかに特殊な状況である。しかしまた、極限状況は日常性の縮図であり、このような切迫した事態においてこそ真理はむきだしになる。工場でヴェーユが見いだしたものは、生身の現実の人間であった。抽象の世界からぬけだし、本物の人間に出会ったと感じたのである。そこでは善さも悪さも本物なのだ。

つぎに引用するのは、ヴェーユがかつての教え子にあてた手紙の一節である。

> とりわけ工場で善良さがみられるとき、それはとても現実的なものです。なぜなら、ちょっとしたほほえみから仕事の手伝いにいたるまで、どんなささいな親切でも実行しようと思ったなら、疲労や給料への執着など、自分のことにだけかまけていたいという心情や誘惑をことごとく克服しなければならないからです。
> （『工場日記』）

ヴェーユは「不幸な人びとだけが人間的な友情の真価を知る」とも語った。おそらくは彼らだけが正義の真価をも知ることができる。人間の悲惨さを身にしみて感じることは、正義と愛の条件である。「不幸」の洗礼をうけていない多くの魂にとって、正義や愛は抽象的な理念または情緒的な感傷の域をでない。

「『イリアス』あるいは力の詩篇」の解釈にしたがえば、ホメロスは『イリアス』で、力のメカニズムが人間を「モノ」化する過程を浮き彫りにし、勝者であれ敗者であれ、交互に力のメカニズムに翻《ほん》弄《ろう》される人間の悲惨を描きだそうとした。ホメロスの鋭いまなざしは、正義と愛のなんたるかを知る者のまなざしである。一時の勝者にたいしても敗者にたいしても同様に、やさしく哀愁をおびたまなざしが注がれる。力をふるう者も、力をふるわれる者も、人間として共通の悲惨にさらされているという認識がそこにはある。

人間の魂と運命とのかかわり、また、そのかかわりにおいて、個々の魂がみずから固有の運命をどの程度まで形成するのかということ、転変きわまりない運命に翻弄される魂において、むごい必然がなにを変質させてしまうのかということ、徳性と恩寵の効能によってなにが無傷で残りうるのかということ、こうした主題をあつかうとき、虚偽は容易であり魅惑的でもある。傲慢、屈辱、憎悪、軽蔑、無関心、忘れたいとか知らずにいたいといった願望、これらすべてが虚偽を魅力的なものにする。

とりわけ、不幸の正しい表現ほどまれなものはない。ほとんどの人間は不幸を描写するにあたり、社会的な失墜は不幸な人間の先天的な宿命である、と信じているふりをしたり、または、魂は不幸をになっていても不幸の刻印を受けずにすむし、かならずしも思考が変質をこうむるとはかぎらない、と信じているふりをするからである。

(『ギリシアの泉』)

極限状況においては、友情や善意と同じく、思考もまたまれな現象である。さきに引用した教え子への手紙では、日常性から抜けだして思考することは奇蹟ともいうべき努力を要すると書かれている。なぜなら、工場という場所は、思考するため、またはすくなくとも思考するふりをするために給料が支払われている大学とはちがうからだ。そこではむしろ、思考しないために給料が支払われている。工場で思考のひらめきがみられるなら、それこそは確実なものなのである。

労働者の思考をさまたげる最大の障害は「不幸」の体験である。これがマルセイユ時代に書かれた論文「工場生活の体験」の主旨である。「労働者自身がこの不幸というテーマについて書いたり、語ったり、あるいはただ思いをはせることさえむずかしい。不幸におそわれると、思考はまず逃亡をくわだてる。自分を傷つける不幸を注視したくないからだ」。どれほどみじめな境遇におとしめられようと、ある種の自己愛は生きのびることができる。自己嫌悪や卑下やニヒリズムをも乗りこえる盲目の自己愛というものが存在する。生命保存の本能と結びついた自己欺瞞《ぎまん》が、自己愛にエネルギーを供給する。この自己愛の供給源がたたれたとき、ほとんどの人間は絶望し、おそらくは死を選ぶ。

思考のめざめはこの種の自己愛を消滅させる。不幸な人間にとって、思考のめざめは生命をおびやかす危険である。このような状態で思考することは本能にさからう。「不幸」と接触するやいなや、われわれは本能的に思考を停止する。これ以上苦しまないためだ。このような思考のめざめを不幸な人に要求することは、犬に火に飛びこんで焼け死ねと命じるのと同じく、無神経で理不尽である。

だが、ヴェーユはこの要求を自分自身につきつけることができる状況を望んだ。彼女が欲したものは「不幸」そのものではない。「不幸」のただなかにありながら、慰めをもたらす虚偽に背をむける、それができたときはじめて、「不幸」の本質を見すえ、「不幸」について語る言葉をもつようになると考えたのである。「不幸」が実存の根底によこたわる現実である以上、それを理解することはヴェーユがみずからに課した使命だったのである。

イタリアへの旅

スペインから帰国してまもない一九三七年の四月、ヴェーユはファシスト独裁政権が牛耳るイタリアに向かう。ファシスト党員や労働者と話をしてみて、ファシズムが現実にどの程度まで浸透しているのかを知りたかったのである。ファシスト党の本部に出かけて外国人むけの情報部員と討論したり、街角で会った人びとや列車で乗りあわせた乗客と話をしたりと、積極的に情報を集めてまわった。イタリアの街は美しく、人びとは感じがよく、ヴェーユはミラノやフィレンツェを故郷のように感じた。しかし、そのような印象もウンブリア地方のアシジを目にして色あせてしまう。アシジは彼女が愛した聖フランチェスコの街である。「高みから見おろしたウンブリアの野ほど、やさしく、はれやかで、しあわせなものはこの世にありません」と母セルマに手紙を書いた。

アシジでの「出逢い」

この美しい自然に抱かれた街に、フランチェスコが祈ったサンタ-マリア-デリ-アンジェリ小聖堂がある。この小聖堂にひとりたたずんでいたヴェーユは、「なにか自分よりも強いものに迫られて、生まれてはじめてひざまずいた」。ポルトガルでの経験を「キリスト教との第一の出逢い」とするならば、アシジでの体験を「第二の出逢い」とみることができる。

フランチェスコゆかりの聖堂ではじめてひざまずいて祈ったという、一見ささいなできごとは、彼女にとっては画期的な事件であった。神の問題はこの世においては十分なデータに欠けるがゆえに、肯定するにしろ否定にするにしろ推測の域をでない、したがって、この種の問題を論じることじたい無意味であると考えていたのである。そもそも、特定の意向をもって自発的に祈るという行為は彼女の選択肢にはなかった。はっきりと神に迫られて祈るのでなければ、祈るべきではないとも考えていた。神にはいくら抵抗しても抵抗しすぎることはない。ほんとうに神がなにかを望むのであれば、かならずそれは実現される。理性と感性のすべてをあげて抵抗しても、心に語りかけてくる神の声を黙らせることができなければ、そのときは心からしたがうことができる。自分勝手に望んだことではないと確信できるからだ。

この発想はデカルト的懐疑の応用にほかならない。疑えるものはすべて疑う。不確実なものはすべて退ける。そしてなにが残るかをみる。徹底した懐疑をくぐりぬけたものだけが検討にあたいする。重要なことがらであれば、なおのこと厳密でなければならない。これは知的誠実さの問題である。この懐疑を実践してきたからこそ、ヴェーユはアシジの小聖堂で無心にひざまずくことができたのだろう。

「すべての心に語りかける」美

ポルトガルの寒村での「キリスト教との第一の出逢い」が、工場体験直後の心身ともにうちのめされた状態で生じたこと、またそのときの啓示がキリスト教と奴隷との本質的な絆であったことと比較すると、アシジでの「出逢い」には苦しみや痛みのかげりがまったくみられない。この「第二の出逢い」は美しさと静けさに包まれている。ふたつのできごとは正反対の印象を与える。しかしヴェーユの思想において、「不幸」と美は密接に結びついている。「不幸」と同じように、美も「なぜ」という答えのない問いを投げかける。なぜ美しいのかをすべて説明できるような詩は、すぐれた作品ではない。世界の美しさを説明しつくすこともまた不可能だ。「不幸」もまた説明をこばむ。人と時と場所を選ばず盲目的に襲いかかることこそ、「不幸」が「不幸」であるゆえんなのだ。

アシジのフランチェスコ　アシジのフランチェスコ教会の壁画

人災や天災なら一応の説明はつく。現実に悪意をもつ人間が存在するのだし、自然のメカニズムが人間に都合よくはたらくとはかぎらない。この種の因果関係は、一定の法則にのっとっているから、悲惨ではあっても神秘ではない。しかし、こうした厄災にみまわれた人びとの魂までもが蝕まれてしまうことを、神が黙認しているようにみえること、これは謎であり、スキャンダルである。「不幸」と同じく、美もまた人間の感性や知性にとっては謎である。しかし、これほど実在的なものもほかにない。それは、いま、ここに、存在する。魂は強制によって「不幸」にしばりつけられ、憧れによって自発的に美にひきつけられる。

人間の営為のほとんどは目的をとげるための手段である。だが美は完全に自己充足している。しかも、美は万人の魂にふれることができる。どれほど堕落した人間であっても、美しいものへの憧れや敬意を失いはしないからだ（もちろん、なにを美しいと思うかという問題は残るとしても）。

美にたいする感性は少数の教養人の特権であると考えるのは誤りだ。それどころか、美はあまねく認められている唯一の価値である。一般民衆のあいだでは、ほめ言葉として、美やそれに類する言葉がたえずもちいられる。それもたんに街や国や地方をほめるときだけとはかぎらない。たとえば機械のような、およそ予期せぬようなものにまでもちいられるのだ。一般に広まっている悪趣味のせいで、教養があるなしにかかわらず、これらの言葉はしばしば的はずれの意味でもちいられている。だがそれはまたべつの問題だ。美という言葉にはすべての心に語りかける力がある、これが肝心な点なのだ。

（『超自然的認識』）

意表をつく「労働の条件」　ヴェーユは「奴隷的でない労働の第一条件」で、労働条件の改善だけでは労働者は救われないと論じている。労働者の苦しみは、物質的な貧窮や拘束にのみかかわるものではない。なにか特定の目的を追求するための余剰をもたない労働者は、むきだしの生命の維持を究極目的とせざるをえない。これが労働者の「不幸」の本質なのだ。目的性ではなく必然性によって労働が規定されていること、この状況こそがとりわけ肉体労働者を他の勤労者から隔てている。完全に公平な社会制度のもとであっても、この区別は解消されない。それゆえ、従来の組合運動の要求を実現するだけでは、労働者の苦しみは克服されないだろう。ヴェーユがかかげる解放のための「第一条件」は意表をつくものだ。

民衆はみずからの願望のすべてを、すでに所有しているものに向けるように強いられているのだから、美は民衆のためにあり、民衆は美のためにある。他の社会的階層に属する人間にとって、詩は贅沢品《ぜいたく》である。民衆はパンと同じように美を必要とする。語句のなかに閉じこめられた詩のことではない。そのような詩はそれだけでは役にたたない。民衆の生活の日常的な実体そのものが詩でなければならない。

（『労働の条件』）

美は一般に信じられているような贅沢品ではない。有閑階級はいざしらず、すくなくとも労働者にとってはそうではない。もちろん知的または情緒的な装飾でもない。労働者ほど即物的に生きることを強いられている人間はいない。文字どおり、食べるために働き、働くために食べる。この循環において、すべては手段でしかない。社会的称賛や名誉、恵まれた給料、知的または創造的な満足など、なんらかの歓びをもたらしてくれる労働であれば、それがどんなに苦しくても報われるというものだ。望んでいたもの、あたらしいものをもたらしてくれるのだから。ところが、多くの肉体労働者が労働によって得るものは現状の維持にすぎない。いまあるものまで失わないために、ただそれだけのために働く。このような生活に欠けているものは目的性である。

人間の神経はこのような生活に耐えるようにはできていない。A地点からすこし離れたB地点に石の山を積みかえるという、かつて収容所の囚人に課せられた刑罰がある。石をすべて移動し終わると、こんどは逆の作業をして、もとのA地点に石の山を築きなおす。これを一日中なんどでもくりかえすのだ。たいていの人間はこれで発狂する。なんの意味もない労働ほどつらいものはない。

現代においてもなお、多くの労働者はこの囚人とさして変わらぬ生活を強いられている。発狂せずに生きぬくには、限られた時間と経費で手に入る気ばらし、つまり週末の痛飲や馬鹿騒ぎで発散させるしかない。このような手段に訴えまいとするなら、生活の内部から光をはなつような美が必要であろう。

ヴェーユがある工場の社内雑誌のために、ギリシアの詩人ソフォクレスの悲劇『アンチゴネー』を翻案したのも、民衆こそがすぐれた芸術作品を理解することができると信じていたからである。「それらの詩篇は、図書館の四方の壁に囲まれて生涯を送った人びとにとってよりも、一般の人びと、つまり闘い苦しむことのなんたるかを知る人びとにとってのほうが、はるかに感動的」なのである。

生活のなかの詩

『雑記帳（カイエ）』にはつぎのような黒人苦力《クーリー》の歌が記されている。

キリマ　ムズリ　ムバリ（遠くからはなんて美しいのだろう、山は）
カリブ　キナマユト（登るとなると、こんなにけわしいのはなぜだ）

苦力にとって、重い荷物をかついで登る山はけわしい。それでも彼らは山は美しいと感じることができる。水夫は海で仲間や自分自身が死ぬかもしれないと知っているが、それでも海は美しいと感じる。「美とは手を差しのべずに眺めている果実であり、不幸とはうしろに退かずに眺めるものだ」からである。労苦する民衆はこのことを理解する必要がある。おそらく、それだけが唯一の救いなのだ。

苦力を慰めるものは「山の美しさ」だけだ。その美しい山は労働を苦しいものにするが、それでも山が消えてなくなればいいとは思わないだろう。理由はふたつある。ひとつは、山が苦力にとっては糧を得るための手段であり、もうひとつは、山が美しいからだ。水夫にとっても同じことだ。民衆の生活に根ざした詩情とはそういうものだ。苦力や水夫はそれでもまだ恵まれている。彼らが労苦する場は美しい自然である。工場労働者にはその慰めさえ奪われている。自分の働いている工場を美しいと思える工員がどれほどいるだろうか。

だが、工場労働者にとって、日常生活そのものが詩であることなど可能だろうか。彼らの「不幸」を構成する最大の原因は、週日の大部分をすごす仕事場が流刑地のように感じられるという疎外感である。ほとんどの労働者は自分の仕事場を嫌っており、仕事場を思いださせるという理由で、週末には仕事仲間とつきあうことさえ避けようとする。機械化や福利の改善によって、身体的な苦痛を軽減することは容易だ。しかし、工場で自分は市民権をもたない異邦人だという屈辱感をぬぐいさることはむずかしい。

ある日、スト決行中の工場を訪れたヴェーユは、労働者の顔が歓びに輝いているのを見て、感銘をうける。ストのあいだだけは労働者も自分自身の主人である。きまって不意に下される命令におびえることもなく、きびしい監視の眼にさらされることもなく、彼らは工場を自由に歩きまわることができる。仲間とたのしげに語らう者がいる。家族に自分の持ち場を見せている者もいる。ふだんの工場に欠けているものはこの歓び、この誇りなのだ。

この点からみるかぎり、労働時間の短縮、賃上げ、厚生施設の充実などは、副次的な対応であって、労働者の魂を蝕む屈辱感をぬぐいさる手段とはなりえない。屈辱感をいやすものは歓びの感情しかない。さらに、工場には単調さがつきものなのだから、労働者の歓びは単調さのうちにも感じられるものでなければならない。この条件をみたすものはただひとつ、美の感情だけである。

魂の欲求が将来の可能性にではなく、現実の存在にむけられることを、人間の本性が耐えることができる場合はひとつしかない。それは、美にかかわる場合である。美しいものはすべて欲求の対象である。それがべつのものであってほしいとも、変わってほしいとも思わない。それがあるがままであることを望むのだ。われわれは明るい星空を憧れを抱いてながめるが、望んでいるものはいま目にしている光景、じっさいに所有している光景なのだ。（『労働の条件』）

フランチェスコと同じ感性　民衆は余分なものを所有していない。ところが、彼らがただひとつ所有している生活は欲求の対象にならない。逆説的だが、だからこそ彼らはすべてを所有することができる。すべてとは、世界の美しさのことだ。これは宗教的な境地である。

これこそ民衆の特権である。彼らだけが神を所有するのだ。他のすべての人びとにあっては、個々の活動につねになにか特定の目的が貼りついている。こと魂の救いとなると、あらゆる特定の目的は、神をおおいかくす遮断幕にほかならない。執着から離れることによって、遮断幕をつきぬけなければならない。労働者にこの遮断幕はない。彼らを神から隔てるものはない。頭を上げさえすればいいのだ。

（『労働の条件』）

労働者が意識せずに、おおむね強制されて生きているこの状態を、意識的に自由に選びとったのがアシジのフランチェスコである。全宇宙を愛そうとするなら、全宇宙をあるがままで受けいれようとするなら、個別のものへの執着はさまたげとなる。彼は愛することと執着することとは似て非なるものであり、権勢や奢侈《しゃし》はどのようなものであっても、愛の純粋さをそこなうことを理解した。だからこそ、なんの気負いもなく地上の富と名誉を捨てることができたのだ。

「放浪や清貧そのものが詩である」

友人に書きおくった手紙のなかで、ヴェーユはアシジの風光とサンタ=マリア=デリ=アンジェリ小聖堂の美しさを称賛している。あまりにすべてがフランチェスコの霊性にふさわしく、「フランチェスコの出現を準備するために、神の摂理がこのしあわせな田園とつつましくも感動的な礼拝堂をつくりだしたのだと信じたくなるほど」だった。ヴェーユは天に突きさささるように屹立《きつりつ》するゴチックの大教会や、均衡を無視して拡張しただけの大伽藍《がらん》は嫌いだった。反対に、彼女が愛した南仏の中世ロマネスク建築やギリシア彫刻には、むきだしの力の支配を感じさせるものがない。厳密な幾何学的法則にのっとって建てられているにもかかわらず、知性にではなく感性にじかに訴えかけてくる。素材である石や木材はそれだけでは愛の対象となりえないのに、人の手をへてひとつの芸術作品となるとき、その作品は人間の心に愛と賛美を呼びおこす。

同様に、世界を構成する個々の素材や、世界で起こるできごとは、それじたいとしては美しく善いものも、醜く悪しきものもある。しかし総体としてみた世界はつねに美しく善いものだ、とヴェーユは考える。それは神という芸術家の作品なのだ。最晩年の一断章にこう記されている。

芸術において、人間の悲惨さをあるがままに想起させるものすべては、感動的で美しい。アシジのフランチェスコが富を望まなかったのは、富には偽りがふくまれているからだ。彼は清貧のうちに苦痛ではなく真理と美を探し求めた。彼は人間存在の真理にかなった在りかたで、われわれが住まうこの宇宙とふれあったときに生まれでる詩を探し求めたのである。

（『ロンドン論集とさいごの手紙』）

清貧を愛することは、貧しい人びとを救済する義務と矛盾しない。憐れみこそが清貧にみなぎる詩情の源である。みずから選びとる清貧は魂をきよめるが、受けいれる準備のできていない人間に強いる困窮は、社会正義にもとる純然たる悪である。だから、アシジのフランチェスコは貧しい人びとの現実的な救済にも心を砕き、自分のためには自分がしあわせと思う生活を選んだ。彼の残した詩には生の歓びがあふれている。彼にとっては生活そのものが詩である。ヴェーユは言う。「アシジのフランチェスコにあっては、放浪や清貧そのものが詩である。彼は世界の美とじかに接するために裸になった」と。

ソレム──受難のキリスト

ソレムでの「出逢い」

一九三八年春、ヴェーユは復活節前後の一〇日間を、フランスのソレムでベネディクト派修道院の典礼にあずかってすごした。かねてより、修道士たちが歌うグレゴリオ聖歌とラテン語の典礼にふれてみたいと思っていたのだ。しかし、この年の一月以来、はげしい偏頭痛の発作に襲われ、ソレム滞在中もたえまない苦痛に苦しめられた。そのような状態で典礼にあずかっていたとき、思いがけないことがおこる。これが「キリスト教との第三の出逢い」である。ペラン師への手紙の一節を引用する。

ひどい頭痛がして、音がするたびに殴られるように頭が痛みました。たいへんな注意力を費やして、みじめな肉体から離れ、肉は肉だけで苦しませておいて、聖歌と言葉のたとえようもない美しさのうちに、純粋で完全な歓びを見いだすことに成功しました。この経験のおかげで、不幸をつうじて神の愛を愛する可能性を、類比的に、よりよく理解することができるようになりました。いうまでもないことですが、これらの典礼にあずかるうちに、キリストの受難という考えが決定的にわたしのなかに入りこんだのです。（『神を待ち望む』）

ポルトガルやアシジでは、キリスト自身が思索の中枢を占めることはなかった。しかしソレムにおいては、受難のキリストの人格的な現存が啓示の中核となる。復活節の典礼中であったにもかかわらず、ヴェーユが「復活した栄光の主」ではなくて、「賤しい犯罪者か奴隷のように」十字架で刑死したキリストに出逢ったことは偶然ではない。

ヴェーユのキリスト論は、本質的に「十字架の神学」である。すでに一九三七年の講義録には、不幸な人びとを目にしたときのとっさの反応は軽蔑であり、「不幸な人びとの不幸をうらみがましく思わずにすむ善良さに達することはむずかしい」と書かれている。のちに『前キリスト教的直観』では、「十字架上での断末魔の苦悶は復活よりもいっそう神的であり、この苦悶こそがキリストの神性が収斂《しゅうれん》する一点である」と記されることになる。

「注意力」の必要性

現実の不幸な人びとが傍観者の心にかきたてるものは、憐憫《れんびん》や同情ではなく、理不尽だが乗りこえがたい嫌悪や恐怖である。大部分の人間に欠けているものは、よく言われるような「思いやり」や「同情心」ではない。不幸にたいする本能的な嫌悪や恐怖を克服するには、「注意力」が必要なのだ。ほんとうにキリスト教的な祈りとは、この種の「注意力」にほかならない。この能力なしには、神への愛も隣人への愛も不可能である。このふたつの愛は同じものだ。

この種の「注意力」を行使するにはたいへんな努力がいる。対象にたいしていっさいの予備判断や偏見をもたず、対象をあるがままに受けいれようとする努力である。予断をもたぬことはむずかしい。われわれの日常はほぼ一〇〇パーセントこの予断でうめられている。自分自身や周囲の状況から解放されることはむずかしい。自分のせまい視野や経験から自由になれないかぎり、いかなる体験も過剰なまでの情報も無益である。いかに見聞をつんだところで、物知りになるだけだ。

「注意力」とは現象の奥にあるものを読みとる能力である。ひとつの現象を多くの層をもつ多重構造の構築物とみなし、それぞれの層にひとしい質量の注意をはらわなければならない。そのため、一種の知的な離脱と判断停止が要求される。「注意するとは、思考を宙づりにしておくこと、思考をどのような対象にたいしても適応ができ、空虚で、浸透可能な状態にしておくこと」なのである。

「善きサマリア人」

「あなたの隣人を自分自身のように愛せ」と説くイエスに、ある律法学者が「わたしの隣人とはだれですか」と問いかえす。イエスは「善きサマリア人のたとえ話」(『ルカ福音書』)で答える。ユダヤ人と民族的にも宗教的にも敵対関係にあり、ユダヤ人から軽蔑され疎外されていたサマリア人が主人公である。そのうえ、愛に欠ける人物として登場

ソレムの修道院

するのは、いずれも当時のユダヤ社会における指導者階級に属する宗教的エリートたちである。聴衆がこの物語の展開に衝撃をうけたことはまちがいない。

ある人がエルサレムからエリコへくだる道で強盗に襲われた。強盗どもはその人の着物をはぎとり、殴りつけ、半殺しにして逃げさった。たまたま祭司がその道をくだってきたが、彼を見ると反対側を通りすぎていった。同様に、レヴィ人もその場に来て彼を見ると、反対側を通りすぎていった。

ところが、あるサマリア人が旅の途中そこにやってきたが、その人を見てかわいそうに思い、近よって、傷口にオリーブ油と葡萄酒をそそいで包帯をし、自分の家畜にのせて宿屋につれていき、介抱をしてやった。翌日、彼はデナリ銀貨二枚をとりだし、宿屋の主人にわたして、「介抱してあげてください。もっと費用がかかったら、わたしが帰りにはらいます」と言った。さて、あなたはこの三人のなかでだれが強盗に襲われた人の隣人になったと思うか。

(『ルカ福音書』)

質問した律法学者は、「わたしにとって隣人はだれか」という自己本位の心理的遠近法にとらわれている。世界の中心は「わたし」である。この論理によると、隣人とは「わたし」に心理的または物理的に近い近親者や友人、あるいは民族・社会・文化・思想的なものを共有する仲間ということになる。また、この論理は人間関係を固定的にとらえている。ここから「隣人ならざる者は敵または無関係な者」という発想まであと一歩である。「わたし」の隣人には真情をつくさなければならないが、そうでない者に義務はないというわけだ。

イエスの発想は自己本位の人間関係を逆転させる。隣人とはわたしの注意や援助を必要としている人のことだ。隣人とは不幸な人の別名なのだ。隣人であるということは、民族・思想・心情の近さによって自然に規定された静的な状態ではない。隣人を愛するとは、不幸の淵にしずむ人を見て、心を動かされ、歩みより、その人の隣人になるという能動的な実践なのである。

サマリア人が憐れみを示すことができたのは、彼が本性的に心のやさしい人間だったからではない。むしろ「注意力」をはたらかせるすべを知っていたからである。彼だけが路上に倒れている瀕《ひん》死《し》の旅人を見ることができた。祭司やレヴィ人の眼には、この不幸な人間が見えなかった。彼らに欠けているものは感受性ではなくて、「注意力」である。彼らとて家族や友人の不幸には涙するだろうからだ。憐れみや救助は「注意力」に必然的に付随する副産物である。「注意力」、憐れみ、行動という三者をつなぐ連鎖にヴェーユは注目する。

この世で不幸な人びとに必要なのは、彼らに注意をはらうことができる人間である。ところが、不幸な人間に注意をはらう能力はまれである。奇蹟といってもいいほどである。それはまさしく奇蹟なのだ。この能力を有すると自負している人びとの大半はこの能力をもっていない。熱意や心の躍動や憐憫《れんびん》では不十分だ。

まったき隣人愛とは、「あなたを苦しめているものはなんですか」と問うこと、ただそれだけだ。不幸な人がある集合体を構成する一単位としてではなく、「不幸な人」というレッテルを貼られた社会的カテゴリーの一員としてでもなく、われわれ自身とまったく同じ人間であるにもかかわらず、ある日、不幸に襲われ、模倣を許さない不幸の烙印を刻みつけられたひとりの具体的な人間として存在するということを知ること、これが隣人愛である。

不幸な人にある種のまなざしをそそぐだけでよい。だが、このまなざし、注意力にみたされたまなざしは不可欠だ。そのとき魂は自分が見つめている存在をありのままに見て、その存在を真実の姿において自分のなかに受けいれるために、自分自身のすべてをからっぽにする。注意力を行使するすべを知る者だけにそれができるのだ。

（『神を待ち望む』）

ボーヴォワールのヴェーユ観　シモーヌ＝ド＝ボーヴォワールは、学生時代にいちどだけ会ったヴェーユにたいして、反発と賛嘆のあいなかばする複雑な印象を抱いた。終戦直後の一九四五年に発表された小説『他人の血』は、スペイン市民戦争をあつかっているが、ヴェーユがモデルとおぼしきマドレーヌという奇妙な人物が登場する。正義感と虚無感が同居したこの女性は、「貧乏を文句も言わずに受けいれ、忠実で、頭がよくて、勇気があった」が、人びとが運命を嘆いたり、喜んだり、心配したり、期待したりすることを理解しようとせず、「そんなのブルジョワの不幸、贅沢な不幸というやつよ」と言いはなつ。マドレーヌもまた、ヴェーユと同じように、無為無策で手をこまねいているブルム政府に失望して、スペイン行きを決意する。

さらに、ボーヴォワールは一九五八年の自伝的著作『娘時代』で、「そのころ中国では大飢饉があって荒れはてていた。この報に接してシモーヌ＝ヴェーユが泣きだしたという噂を聞いていた。わたしは彼女の哲学的な才能にもまして、その涙に感銘をおぼえ、全世界をよこぎって鼓動しうる心をうらやんだ」と書いた。ソルボンヌ大学の中庭でふたりが会ったとき、ヴェーユは「今日、必要なのはすべての人びとに食物を与える革命だ」と断言した。ボーヴォワールが「人びとに自分の存在の意味を与えるほうがもっと重要だ」と反論すると、ヴェーユは彼女を一瞥《いちべつ》して、「あなたはいちども飢えたことがないってことがよくわかる」と言った。ボーヴォワールは自分が「ブルジョワの精神主義者」に分類されたと感じて、憤りをおぼえたと記している。

学生時代のヴェーユは、革命が人間の悲惨を解消すると信じていたのだろうか。現実に飢饉で苦しむ人びとへの連帯が、このような言葉を言わしめたのだろうか。彼女がほんとうに革命の可能性を信じていたとも、革命によって事態が根本的に変わると考えていたとも思えない。ただ、彼女は「全世界をよこぎって鼓動しうる心」をもっていた。距離や風土差をのりこえて共鳴することができた。こういう心こそヴェーユのいう「注意力」にほかならない。

ヴェーユがソレムで得た啓示は、対象をあらかじめ自分との関係において固定せずに、「注意力」を無にむけ、判断力を宙づりにしつづけた努力に与えられた報いであった。キリストの受難について考えようと思ってソレムを訪れたのではなかった。典礼のあいだじゅう、はげしくなる偏頭痛と闘いながら、美しいグレゴリオ旋律とラテン語の聖句に、ありったけの注意力を集中させようとしていたとき、キリストの受難の神秘にとらえられたのである。

ポルトガルでの「第一の出逢い」は不幸との接触によって、アシジでの「第二の出逢い」は小聖堂の清楚な美しさによって準備された。ソレムでの「第三の出逢い」は、いわば第一と第二の綜合である。一方で、肉体と精神をうちのめす苦しみがあり、他方で、教会に響きわたるグレゴリオ聖歌とラテン聖句の純粋な美しさがある。キリストの受難は究極の不幸であると同時に、究極の美しさでもある。このとき、ヴェーユは受難の両面をはっきりと直観した。この直観がヴェーユの後半生を支配することになる。

III さいごの日々

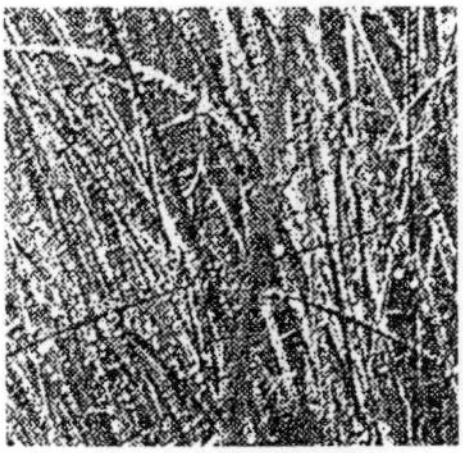

孤独な道

ニューヨークへ

ドイツ軍によるパリ落城後、非占領下のマルセイユで二年間、ヴェーユはフランス植民地からの移民労働者や反ナチズム政治犯の待遇改善のために奔走し、検閲の対象になりやすいユダヤ系の本名をさけて、エミール＝ノヴィスの筆名で、雑誌に政治論文や文明批評をつぎつぎと発表した。その一方で、抗独レジスタンス組織とも接触をつづけた。だが、彼女はより直接的な活動を望んだ。重要で危険な任務をおびて占領地域に戻ることである。そこでまずアメリカに渡り、以前から練りあげてきた「前線看護婦部隊編成計画」を実現させて、みずからその一員となり、イギリス経由でフランスに再潜入しようと考えていた。フランスの非占領地域からは占領地域へもどれなかったからである。

両親はユダヤ人迫害をさけるために、渡米を望んでいた。彼女自身は戦時下のフランスを去る決心をつけかねていたが、出発するほうが国のためになるのだと自分に言いきかせ、さいごまで迷いつつ、両親の勧めに同意する。兄のアンドレが一足先に落ちついていたニューヨークをめざして、ヴェーユは両親とともにマルセイユ港を出帆する。一九四二年五月一四日のことである。

ところが、二ヵ月の船旅をして、ニューヨークに到着してみると、フランスへの再潜入はほとんど不可能であることがわかった。ヴェーユは看護婦部隊の計画をあらゆる軍事関係の機関や担当者に送った。出発はまちがいだったのだろうか、無意識の卑怯さから行動したのではなかったかと考えて絶望的な気持ちになった。

このあたりのヴェーユの心情を伝える手紙の下書きが残っている。フランスの窮状に同情的なイギリス人大尉にあてた英文の手紙で、「前線看護婦部隊編成計画書」が同封してある。

苦しんでいる祖国を去るのはたいへんつらいことです。ユダヤ人迫害をさけるために、両親はわたしにいっしょに渡米するよう懇願しました。わたしはニューヨークに来れば、この戦争における闘いや危険や苦しみに、さらに深く関与できると期待していました。さもなくば、けっしてフランスを去らなかったでしょう。

フランスでも戦争にはかかわっていました。敗北後、わたしはマルセイユに移り、「ニューヨークタイムズ」が「フランスにおけるもっとも重要な地下出版物」と呼んだ雑誌「カイエ・デュ・テモワニャージュ・クレティアン」紙の配布に、かなり重要な責任をひきうけていました。けれども、それだけでは十分とは思えませんでした。わたしはそれ以上のことを望んだのです。当地ではそれが得られると期待していたのです。ところが、いまやわたしは危険や飢餓とは無縁の快適で安全な状況にあります。まるで逃亡兵のような気がします。とても耐えられません。このような状態が長びくと、わたしの心臓ははりさけてしまうでしょう。

わたしはある計画をたずさえてきました。その計画書は手紙に同封してあります。それを注意ぶかく読んでいただきたいのです。気にいってくださると思います。

この計画が仏、英、米三国の女性たちによって実行に移されればと願っています。

もしこれが実現不可能ならば、わたしは自分が明確な指示と任務をおびて、地下運動にかかわるために、フランスに再派遣されることを願っています。任務はできるだけ危険なほうがよいのです。

あるいは、秘密の任務を与えられてであるならば、合法的にフランスに帰国してもかまいません。

ほんとうに役にたつことができさえすれば、危険がどれほどのものであっても歓迎します。自分の生まれた街パリがドイツ軍の支配下にあるかぎり、わたしの人生にはなんの意味もありません。また、自分の街が他の人びとの血をもってのみ解放されることも望みません。


奔走もむなしく、この計画書は採用されず、「危険な任務」は得られそうにもなかった。四ヵ月後、あらゆる困難をおしきってイギリスのヴィザを入手し、単身ふたたび大西洋を横断し、ロンドンに渡る。ド＝ゴール将軍率いる「自由フランス政府」に合流することが当面の目標であった。

ロンドンへ　ロンドンに着いたヴェーユは、「自由フランス政府」の文書起草委員として、戦争終結後のフランス再編成計画案を起草する役目を与えられる。しかし起草委員は望んだ職務ではなかった。かつてスペイン市民戦争のとき、パリを「銃後」と感じた彼女にとって、ナチス－ドイツ占領下のパリから遠く離れたロンドンもまた「銃後」であった。危険な任務をおびてフランスへ派遣されることを願いつづけたが、嘆願はそのたびに却下された。いかにもユダヤ的な風貌と不器用さが任務にむかないと判断されたのである。

自分は無用の長物だという挫折感と、苦しむ祖国を見棄てたという後悔とで、ヴェーユは心身ともに憔悴《しょうすい》しきっていた。出国したことは致命的なあやまちだった。敵前逃亡を犯した兵士のようにみじめな気持ちになった。これほど愚かで卑怯な自分を軽蔑せずにいられるだろうか。

ヴェーユはすがるような思いで、高等師範学校時代の旧友モーリス＝シューマンに協力を求める手紙を送る。戦後フランスにおいて常時入閣の政治家となるシューマンは、当時ド＝ゴール将軍直属の国家情報委員として、ＢＢＣ（英国放送協会）むけの「自由フランス政府」スポークスマンだったのである。

33me SALON PHILATÉLIQUE D'AUTOMNE - PARIS - 10-11 Novembre 1979

FRANCE COMBATTANTE

LAISSEZ-PASSER

No. 1663　Nom Mlle Weil

Prenoms Simone

Grade ou Profession Rédactrice

Bureau ou Service C.N.I

Londres le 30 Mars 1943

Le Chef du Service de Sécurité

抗独レジスタンスの会員証　1943年3月，入院の2週間前のヴェーユ

わたしの精神構造のせいなのですが、労苦と危険はわたしには不可欠なのです。万人がそうでないのはさいわいなことです。さもなければ組織だった行動などまったく不可能となりましょう。ただ、わたしは自分のこの精神構造を変えることができないのです。長い経験から立証ずみです。地表に蔓延《まんえん》する不幸が、妄想のごとくわたしにつきまとい、精神を圧迫するので、わたしの能力はことごとく壊滅する寸前です。わたし自身が危険と苦しみに深くかかわらないかぎり、これらの能力を回復するすべはなく、この妄想から解放されそうにありません。つまり、苦難にみちた状態はわたしが働くために必要な条件のひとつなのです。

お願いですから、もしあなたにその力があるのでしたら、わたしに有益な苦しみと危険を与えてください。さもないと、わたしは悲嘆のあまり、いたずらに憔悴してしまうでしょう。いまこの瞬間に自分がおかれている状況では生きることができません。ほとんど絶望の淵にあるのです。

（『ロンドン論集とさいごの手紙』）

ヴェーユのこうした精神構造のうちに、被虐的なヒロイズムや自己破壊的な強迫観念をみることはできない。彼女が求めていたものは苦難や屈辱そのものではなく、それらの要素が構成する「不幸」という名の現実のなかに輝きでる「真理」なのである。

生きることの意味

生涯をつうじて、ヴェーユがなにより怖れていたのは、「生きそこなう」ことではなく、「死にそこなう」ことであった。思春期に思いをはせた「超越的な真理の王国」に招きいれられぬままに、無為に死ぬのではないかという不安を、シューマンへの手紙でうちあけているが、この手紙を書いてまもなくヴェーユは病に倒れる。自分の命脈がつきていたことをすでに予感していたのかもしれない。

人間の不幸、神の完全さ、そして両者のあいだの関係の総和を、同時に、真理において、考えあわせることができないために、たえまなく悪化するひきさかれるような痛みを、知性においても魂の中枢においても感じます。この真理がわたしに与えられるとすればの話ですが、それが与えられるのは、わたし自身が不幸に、それも今日の不幸の極限的な状況におかれたときでしかないと内心かたく信じています。

（『ロンドン論集とさいごの手紙』）

ヴェーユは自分が望むような赤裸々な真理は、断末魔の苦悶の瞬間でなければ与えられないと確信していた。そのような真理にじかにふれることは、時代の不幸を誠実に生きぬいた魂にしか許されない。それは人間の感覚や理性をこえた神の愛にふれることだ。それこそキリストの十字架にあずかることなのだ。

キリストがゲッセマネの園で、眠りこける弟子たちから離れて、ただひとりで、「できることならこの杯をわたしから取りのぞいてください」とむなしく神に乞い求めなかったならば、彼の十字架はあれほどの衝撃を与えただろうか。彼が断末魔の瞬間に、「わたしの神よ、なぜわたしを見棄てられたのですか」と叫ばなかったならば、無数の罪なき人びとが苦しんだ「不幸」にどれほどの意味があっただろうか。これがヴェーユの問いであった。

神が人間の身代わりとなって苦しんだ。だからといって、キリストの不幸がわずかでも人間の不幸を軽減したわけではない。しかしキリストの不幸によって、すべての不幸はひとつの意味を見いだし、もし望みさえするならば、贖罪の効能をもつようになる。そのとき不幸は神にのみ由来する無限の価値を得る。

（『超自然的認識』）

十字架のキリストの叫びにも、無数の罪なき人びとの叫びにも、神は黙して答えない。不幸な人びとはみずから沈黙のうちに閉じこめられているのみならず、自分のまわりにも沈黙の真空状態をつくりだす。「不幸」にひきさかれた魂は、「なぜだ」と問いつづけるが、かえってくるのは沈黙だけだ。それでも愛することを放棄しなければ、いつの日か、叫んでいる問いにたいする答えではなく(そんなものは存在しないのだから)、どのような答えにもまして無限に意味のある沈黙、神の「ことば」、すなわち宇宙に響きわたる沈黙の調べをきくであろう。そのとき魂は、この地上における神の不在は、天にまします神の隠された現存にほかならないことを知る。

しかし、この神の沈黙をきくには、ひとつの条件をみたさなければならない。この地上において、全身全霊をあげ、人生の目的を問いつづけ、しかも答えを得ることができなかったという経験である。この世界に究極の目的は存在しない。この地上で目的を見いだしたと思う人間は、神ではないものに神のレッテルを貼りつけて崇拝しているにすぎない。

金、名誉、地位、成功、愛情、これらすべては究極の目的とはなりえない。かぎりなく欲望をかきたてるが、完全には満足させてくれない。ヴェーユによれば、究極の目的は神以外にはありえない。その他のものは限定された意味では良いものであるが、限定をとりはずして崇拝の対象となった瞬間、むしろ悪しきものとなる。この種の偶像崇拝が有害なのは、偽りの目的性をさしだすことによって、魂の飢餓感を一時的にみたし、本来の目的性への憧れを失わせてしまうからだ。

ヴェーユは偽りの神に心身をささげる誘惑に抵抗することができた。抵抗は意志の領域に属するものだからだ。しかし、「真理」は獲得するものではなく、与えられるものである。彼女はシューマンへの手紙で、「わたしは真理の外側にいます。人間的なものはわたしを真理の内側に入れてくれないでしょう。神でさえも、不幸という手段によらずにわたしを内側に移しいれることはできないだろうという確信があります」と語った。「真理」の外側で生きることも「真理」の外側で死ぬことも同じく無意味だ。「真理を待ち望むこと以外に人生には意味がない」からである。

「不幸」と死

試練にさらされているフランスを心ならずも去り、ドーヴァー海峡を隔てた異郷の地で、無意味な日々をすごしているという思いは、ヴェーユの心身を急速に消耗させていった。一九四三年四月一五日、昏睡《こんすい》状態で自室の床に倒れていたヴェーユは、部屋をたずねてきた友人に発見され、ミドルセックスの病院に運びこまれる。衰弱と栄養不良から肺結核を患っていたのだ。八月一七日にはロンドン郊外のアシュフォードのサナトリウムに移され、その一週間後、息をひきとることになる。

この四ヵ月の入院生活のあいだ、ヴェーユは病床にあっても、フランスにいる人びとが慢性の食糧危機に苦しんでいる以上、食料制限で定められている以上のものは口にするまいと決意していた。それがせめてもの連帯行為であった。とくに牛乳はなんと言われても飲もうとしなかった。子どもの分を横取りするような気がしたのである。病院の医師や看護婦が、イギリスには牛乳が豊富にあるのだから病人のあなたが飲んでもだれも困らない、と説得したがむだだった。

　じっさい、この頑固な患者にまともな食事をさせることは不可能だった。はじめは力ずくで食べさせようとした看護人も、まもなくあきらめて患者の好きにさせることにした。これはほとんどなにも食べないことを意味していた。病院にかつぎこまれた時点ですでに体力は消耗しきっており、入院後も好転しなかったから、回復する望みはまったくなかった。必要な食事をとっていれば、生きのびることはできたかもしれない。ヴェーユの態度を「死に急いだ」とみる人びとがいても不思議ではない。

　ミドルセックスの担当医は、「シモーヌ゠ヴェーユはみずから餓死しようとしており、自分の食料はフランス人の戦争捕虜に送られるべきだとくりかえし主張した」と証言し、臨終をみとったアシュフォードの担当医は、「彼女はわずかばかりの紅茶と水しか飲まなかったが、フランスで餓死しつつあるフランス人のことを考えると食べられないということだった」と語った。これらの証言のせいで、ヴェーユの死後、不審死をあつかう検屍官の調査がおこなわれ、その結果、「栄養欠乏および肺結核に起因する心筋層の薄弱化」が死因とされた。さらに、法律で自殺を禁じていた当時のイギリスにおいて、自殺者を犯罪者にしないためにもちいられる常套句として、「死亡者は精神の安定を欠き、食物を拒否し、みずから生命を断った」の一文が付記された。精神錯乱のなかで犯された罪であるから、当事者に責任を問うことはできないという意味である。

この「自殺」はイギリス地方紙の注意をひき、各紙は「フランス人教授、餓死」「餓死──フランス人教授の奇妙な犠牲」という見出しの記事をのせた。この死が「自殺」かどうかは研究者のあいだでも意見のわかれるところである。だが、「自殺」か「自然死」かは二次的な問題である。むしろ、彼女をこのような極端な行動（だがヴェーユの行動はいつも多少とも極端ではなかったか）にかりたてたものを問うべきだろう。

ヴェーユは自殺を肯定したことはない。死そのものを望んだこともない。望んだものは「不幸」であった。シューマンへの手紙がそのことをはっきりと語っている。

もし不幸が苦痛と死によって規定されるのであれば、フランスにいたときに敵の手中に落ちることは容易でした。しかし、不幸はまず必然によって規定されます。偶然もしくは義務によってしか不幸をこうむるべきではないのです。義務はそれを実践する機会がなければなんの意味もありません。

（『ロンドン論集とさいごの手紙』）

「不幸」の本質は外部から強制的に課せられることにある。みずから求めて飛びこむ「不幸」は、意志の鍛練か自己満足をもたらすのが関の山だ。他方、いかに苛烈なものであろうと、たんなる苦しみだけでは「不幸」とはいえない。「不幸」は十字架に似ている。『雑記帳（カイエ）』には「不幸を意に反して身にひきうけるのでなければならない。不幸をこうむりたくないと嘆願したのでなければならない。必要なのは死であって自殺ではない」という一節がみられる。

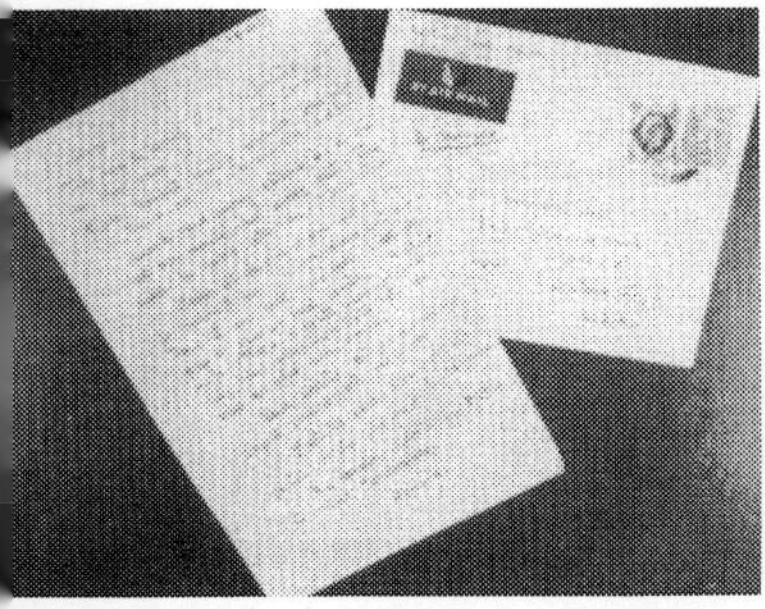
両親に宛てた手紙　死の1週間前

生の帰結としての死

ロンドンでヴェーユが望んでいたものは、さけようもなく必然的で、しかも意味のある死であって、無意味で自己満足でしかない自殺ではなかった。占領下のフランスに住む人びとへの連帯から、食料制限を課せられた食物を口にしないというのは、彼女の全生涯をふりかえってみるならば、きわめて明快で論理的な帰結である。以前からの信念と決意を実践したにすぎない。

すでにフランスにいたときから、闇市で手にいれたものや食料切符なしでは買えないものは口にしなかった。貧しかったり、植民地の出身であったりして、闇市や食料切符を利用できない人びとがいるかぎり、自分だけが恩恵に浴することを拒否したのである。

ヴェーユは抗独レジスタンス運動の実質的な戦力となり、占領下の人びとと苦難をわかちあうことを望んでいた。結果的にフランスを捨てたことになる自分の行動をくやみ、罪悪感に苦しんだ。彼女の場合は、その焦燥感が食物拒否という行動にあらわれたのだろう。

パリの家　1929年から40年までこの家に住んでいた。オーギュスト－コント通り。

「アカの乙女」とあだ名された若きマルクス主義者、組合運動家、リセの哲学教授、未熟練工、義勇軍兵士、抗独レジスタンス運動家、「カトリックの敷居上にとどまる召命を確信した」キリスト教徒、「自由フランス政府」の文書起草委員、とさまざまに転変する三四年の生涯をつうじて、ヴェーユの変わらぬ関心は、赤裸々な真理をそのありのままの姿において知ることにあった。ヴェーユのいう真理とは、好ましい概念や理想にとどまらない。彼女にとって真理の追求は抽象的な理念ではなかった。それは人間存在の究極の目的であり、人間と神をつなぐ架け橋なのである。

いうまでもなく、個人の性向や能力や環境は千差万別であるし、だれもがヴェーユのように「不幸のただなかに輝きでる真理の追求」を使命とする必要はない。ただ、ヴェーユのような人間も現実に存在する。そして、このような生を知ることは、われわれにとっても意味があるだろう。人間に与えられた可能性の地平線が、またすこし広がるような気がするのである。

女工時代のヴェーユを身近で見守っていた友人のひとりであり、組合運動の同志でもあったアルベルティーヌ＝テヴノンは、ヴェーユの著作『労働の条件』につぎのような序文をよせた。

シモーヌは自分自身を不遇な人びとのうちでももっとも不遇な者とみなし、またそのようなものとして自分をあつかおうとする衝動にかられていたが、このような衝動はふつうの人間の尋常な望みとは逆行する。この衝動は不幸を知り、これを解釈しようという願望に由来するのだが、同時に、わたしにはなんの権利もない、なぜならあれほど多くの人びとがなんの権利ももっていないのだから、という絶対的な正義の感覚にも由来している。一九三三年に失業手当だけで生きるのも、一九四三年にロンドンの病院のベッドで、ひとり、窮乏と病気で死ぬことになるのも、この衝動のせいである。われわれにはどんなに苛酷に思えようと、この死はシモーヌが選んだ生の論理的帰結である。アルベール＝カミュが言うように、シモーヌ＝ヴェーユのたどった道は孤独な道なのだ。

（『工場日記』）

Ⅳ　思索の収穫

神の憐れみと人間の不幸

「不幸」と身体的な苦しみ　これまでも「不幸」というシモーヌ＝ヴェーユにとって根本的な概念に、年代を追いながら部分的にはふれてきたが、本章ではこの概念をただしく理解するために、もうすこし総括的に論じてみようと思う。さらにⅤ章では、彼女の晩年の主な関心事ともいうべき民間伝承とのかかわりで、具体的に述べることにする。

まずなによりも、「不幸」は身体的な苦しみと切り離せない。身体的な苦しみがないところに「不幸」は存在しない。身体的な苦痛によって魂が肉体にしばりつけられていない苦しみは、魂をとらえて一瞬たりとも解放してくれない「不幸」とは似て非なるものだ。もちろん、愛しい人間が死んだり去っていったりするときに感じる心の痛みは、その愛情を育んでいたエネルギーが現実のものであった場合、なんらかの身体的な苦しみをひきおこす。行き場を失ったエネルギーの逆流現象がおこり、その混乱が肉体の次元で切実に感じられ、心の痛みはなにかしら身体的な痛みと似たものとなる。そのとき、この種の心痛は「不幸」を構成しうる。

逆に、たんなる身体的な痛みは「不幸」とは無縁である。歯の痛みがどれほどはげしいものであったとしても、いったん治ってしまえば、魂になんの痕跡も残さない。しかし、長期にわたるものや頻繁におこるものは、身体的な苦痛であっても、「不幸」の核となることがある。ヴェーユは自分の偏頭痛を「半-不幸」とみなしていた。しかし、一二歳にはじまり、死ぬまで止むことなく、ひどいときには食事をすることはおろか、話すことも眠ることもできないほどの激痛を与えつづけた偏頭痛は、さきの定義にしたがうならば、れっきとした「不幸」を構成していたといえる。

人間の思考は、動物が死から逃げるのと同じくらいすみやかに、同じくらい逆らいがたい衝動にかられて、「不幸」から逃れようとする。そのような「逃れさる」思考をしっかりつかまえて、いやおうなく「不幸」という現実にしばりつけることができるのは、身体的な苦痛しかない。そのとき思考はいやでも「不幸」に直面する。身体的な苦痛は、「不幸」を構成するための必須条件なのである。

「不　幸」と心理的な呪縛

つぎに、「不幸」にはかならず心理的な要因がふくまれる。たとえ物理的な暴力をともなわない心理的な圧迫であっても、頻繁にくりかえされると、身体的な次元においても影響をおよぼすことがある。

屈辱的な言動にさらされると、その相手にたいして本能的に反発や反撃の衝動をおぼえる。上下関係などの理由で、反抗することなど考えられないようなとき、このマイナスの衝動は内向し、自己破壊的な行動となってあらわれる。このように自分に向けられたマイナスのエネルギーは、魂にいやしがたい傷を負わせることがある。

プラスの感情であれ、マイナスの感情であれ、それが現実のエネルギーを宿しているならば、物理学でいうエネルギー恒常の法則に忠実にしたがう。外から加えられたエネルギーは、外にたいしてであれ、内にたいしてであれ、なんらかのかたちで発散するしかない。しばしばみられる不幸な人間が抱く自己嫌悪は、放出する場をもたないマイナスのエネルギーが自分に向けられた結果である。また、自分より弱い立場にある人間や自分を愛してくれる人間がいる場合には、そのエネルギーは攻撃的なかたちをとって、身近で無力な人間を傷つける凶器ともなりうる。

「不幸」は現在の一瞬一瞬を汚染するだけではない。魂に惰性という毒を注入して、魂をいつのまにか自分の共犯者にしたてあげる。魂は「不幸」の共犯者となり、現状をよりよくしようとする意欲さえ失ってしまう。このように、「不幸」の毒がひとたび魂の中心にまで染みこんでしまうと、たとえ現在の「不幸」から解放されたとしても、過去の「不幸」に呪縛《じゅばく》されつづける。現実の苦しみや屈辱が存在していなくても、このような魂はあいかわらず「不幸」に支配されている。魂は存在しないものに呪縛されているのだが、呪縛そのものは現実のものだ。いささかもの悲しいこの不条理こそが「不幸」の本質なのである。

「不　幸」と社会的な転落

さらに、「不幸」の構成要素に社会的な要因は不可欠である。「不幸」の特徴は、まさしく社会的に葬りさられるという点にある。社会的な転落なしには「不幸」も存在しない。不幸な人間は、自分自身の眼にも他人の眼にも、とるにたりない存在とうつり、そのような存在としてあつかわれる。「透明人間になりたけりゃ、貧乏人になるがいい」とスペインの小唄はうたう。不幸な人間は眼に見えないのである。

兄のアンドレが徴兵忌避の嫌疑をうけて拘留されていた一九三九年、刑務所や法廷に頻繁に足を運んだヴェーユは、犯罪者の待遇を目撃して心を痛める。窃盗や傷害などの「とるにたりない」嫌疑が審理される軽罪裁判所では、判事は場馴れした物腰で、冗談のひとつも飛びだすほどリラックスしている。判事には社会的地位があり、この場における権力者でもある。被告の運命は判事の判断にかかっている。一方、被告のほうは、罪の意識と恥と不安にうちのめされ、社会的なステイタスや教養がないせいもあって、自衛手段としては言葉による申し開きしかないにもかかわらず、その場にあった言葉を使いこなせなくて、途方にくれるばかりである。

そのときの経験からか、ヴェーユはつぎのように書いた。「軽罪裁判所でみかける、洗練された口調で軽口をたたく判事の前に立って、判然としない言葉をなにやらぶつぶつ言っている不幸な人間の姿ほど痛ましい光景はない」。「不幸」を構成する根本的な事実は、苦しみではなくて屈辱なのである。

人間であるかぎり、だれでも突然の不運にみまわれて、身体的・心理的・社会的に転落する危険にさらされている。いかに恵まれている人でも、一瞬のうちに、健康を失い、自信を失い、周囲の愛情と尊敬を失い、社会の階段を転げおちることはありうる。ただ、すべてがおおむね順調にいっているときに、こうしたおそれは現実的なものとして、しみじみと心にせまってこない。

犯罪者と呼ばれる人びとの大半は、「不幸」に直撃されて落ちぶれた人たちであり、自分が悪をおこなったと同じくらい、あるいはそれ以上に、他人からも悪をこうむってきた人たちでもある。われわれも同じ立場にあれば、彼らと同じような誤りを犯したかもしれない。ところが、われわれは彼らを自分とは異質の人間に分類する。そして、「われわれの理性が罪に結びつけるあらゆる軽蔑や嫌悪や憎悪を、われわれの感性は不幸に結びつけ」てしまう。われわれは罪を憎んでいるつもりで、そのじつ、不幸な人を軽蔑しているにすぎない。このメカニズムがはたらいた瞬間、共感や憐れみは不可能となる。

愛の創造と贈り物

不幸な人びとが体験する「不幸」のきわみは、自分自身をつまらぬものと軽蔑し、汚らわしいものと感じることだ。この自己憎悪はまず当人の魂をそこない、さらにアメーバのように増殖して、魂からあふれでて、宇宙全体をおぞましい色に染めあげてしまう。不幸な人は自己の尊厳や他人の敬意を失うだけではない。人間らしい生活の基盤である世界への帰属感や世界の美にたいする感性をも失ってしまう。しかし、だからといって、単純に「不幸」を悪ときめつけることもできない。

ヴェーユによれば、「不幸」とは神と人間を隔てる距離である。さもなければ、人間の魂に消えない烙印を焼きつけ、最悪の場合には魂の息の根をとめてしまう力を「不幸」に与えた、そのような残酷で無神経な神を許すことができるだろうか。しかし、この地上において、神は無力である。「神は愛ゆえに、愛のためだけに、世界を創造した。愛のほかはなにも創造せず、愛するための手段のほかはなにも創造しなかった」からである。

創造にあたり、これ以上遠ざかれば関係そのものが不可能となるような地点まで、神は被造物からわが身をひきはなした。さもなければ、被造物は存在することができなかったであろう。神の存在は、太陽の光がランプの灯をかき消してしまうように、被造物のはかない存在を消しさってしまっただろう。

創造はなによりも愛の創造であったから、神は自律的で自由な意志をそなえた存在を創造した。愛とは相手に完全な自由と自律を認めることだ。この自由と自律こそは、神から人間への最高の贈り物であった。もとより、全知の神には、この贈り物が善用されるとはかぎらぬこともわかっていたはずだ。しかし、神にはそれ以外のものを創造することができなかった。神は愛そのものである。愛は説得以外の力を行使しえない。それが神の弱みでもあり、強みでもある。

神は被造物の自由と自律が完璧なものであるように、自分の創造した世界から身をひき、世界を必然のメカニズムにゆだねた。その結果、人間に与えられた贈り物とひきかえに、世界は神を失ったのである。

神の創造を完成させる十字架

しかし、神は人間を見棄てたのではない。神は「愛するひとり子」キリストを「不幸」の支配下においた。およそ考えうるかぎり遠く神から隔たった地点に、キリストは投げだされた。その地点を越えては愛することさえ不可能となるような地点、つまり自由意志をそなえた被造物と、自由意志をもたない被造物との分岐点である。動植物は完全に必然のメカニズムにしたがっている。彼らは神にそむくこともないが、愛には自由意志が不可欠であるとすれば、神を愛することもできない。その意味で、動植物は愛や憎しみの彼岸にある。

キリストが投げだされた地点、これこそが十字架である。狩りたてられ、瀕死の重傷を負った獣のように、人間としての尊厳をはぎとられ、見えない神に向かって叫びつつ死んだキリストは、物質的にもかぎりなく「モノ」に近い存在であり、神と人間を隔てる距離によってひきさかれている。キリストを愛した神もまた、この距離によってひきさかれている。十字架上で血を流したのはキリストひとりではない。神もあのとき十字架で苦しんだのだ。刑場を包んだ神の沈黙は、この地上においては完全に無力な神の叫びであり、愛する者を救うことができない神の痛みである。

キリストがわれわれとまったく変わるところのない生身の人間として、人間の苦難と悲惨をなめつくし、極限の「不幸」というべき十字架によって果てたのでなければ、神は人間にはるかに劣った存在であったろう。時間と空間に制約されない神は、血肉と感情をそなえた人間と同じようには苦しむことができない。だが、貧しい家庭に生まれ、労働と放浪を知り、無名の庶民として生きたキリストは、「罪は犯さなかったが、すべての点でわれわれと同じ試みをうけた」（『ヘブライ人への手紙』）のである。

十字架の出発点としての受肉

永遠の「神のことば」が、ナザレのイエスというひとりの歴史的な人間となった。これをキリスト教の教義で「受肉」と呼ぶ。キリストはイエスというひとりの「本物」の人間であると同時に、神の「愛するひとり子」、つまり、神とはまったくべつの存在でありながら、あらゆる点において同格の「本物」の神でもある。AがBおよびCという相反する本質規定を同時にみたしているという命題は、理性的にはうけいれられない。しかし、この命題は信仰箇条である。肯定するにしろ、否定するにしろ、論証は不可能なのである。

だがヴェーユにとって、キリストはたんなる偉大な聖者や宗派の開祖ではなかった。キリストは神と人間をつなぐ仲介者であり、仲介者として不可欠な両方の要素をあわせもった存在であった。「苦しみ、それは神にたいする人間の優越である。この優越がつまずきの石とならぬためには、受肉が必要だった」。キリストは神と人間を和解させる調停者でもあったのだ。

ヴェーユにとって、受肉は復活においてではなく、十字架において頂点にたっする。キリストの神性を確信するために、復活の奇蹟は必要ではなかった。もちろん、伝統的な信仰や神学からみた復活の決定的な意義を否定しているわけではない。ただ、同時代の人びとが直面していた「不幸」を理解することを使命と感じていた彼女が、あのような社会状況にあって、復活よりも十字架に共鳴したことは驚くにあたらない。

純粋な歓びと苦しみ

「神が憐れみにみちたかたであることを信じるために、なんの希望も約束も必要ではありません。みちみてる神の憐れみについては、体験にもとづく確信をもって知っているからです。わたしはそれにふれたのです」と、ヴェーユは手紙に書いた。三度におよぶ「キリスト教との出逢い」は、この点について、疑いをさしはさむ余地を残さなかった。「神の憐れみは不幸において、美においてと同様に、おそらくはいっそう明確なかたちであわとなる」のである。

もちろん、「不幸」そのもののうちに神の憐れみが輝きでる、という意味ではない。「不幸」は神が人間の本性を改良するために利用する教育手段ではない。そのような神はサディストである。「不幸」がもたらす直接的な結果は、ほとんどつねに悪しきものだからだ。それを認めないならば、不幸な人びとをいっそう抑圧するメカニズムに加担することになる。「不幸」が神的な啓示の場となりうるのは、人が「不幸」のただなかにあって、なお愛することをやめないときにかぎられる。だが、そのような状況はひとつの奇蹟である。

愛をもって受けいれられない苦しみは、無意味で無益である。愛する準備のできていない魂に課せられた悲惨は、純然たる悪である。そのような人間に襲いかかる「不幸」を黙認することは許されない。ヴェーユが「不幸」に超越的な価値を認めていながらも、社会のあらゆる局面において、「不幸」のおよぶ範囲をせばめ、その打撃をやわらげようとしたことは矛盾ではない。しかし、「不幸」にうち砕かれてもなお愛そうとする人は、依然として苦しみながらも、言葉ではあらわせない神の憐れみにふれるだろう。

神の憐れみは不幸そのものにおいて輝きます。慰めのない苦しみの中心で、その奥底で輝きをはなつのです。愛のうちに耐え忍び、魂が「わたしの神よ、なぜわたしを見棄てられたのですか」という叫びを押さえられなくなるところまで落ちていくなら、苦しみのうちにとどまりつつも、なお愛することをやめずにいるなら、ついには不幸ではないなにかにふれます。それは歓びではなく、本質的で、純粋で、感覚にもとづかない、歓びにも苦しみにも共通した根源的な要因というべきものです。それこそ神の愛なのです。

歓びとは神の愛にふれる甘やかさであり、不幸とはその接触が苦しみをもたらすときに与える傷なのです。そのとき、接触そのものが重要なのであって、接触のしかたは問題ではないことを知るのです。　（『神を待ち望む』）

人間が世界の秩序を総体としてとらえるには、歓びも苦しみも同じように必要だ。世界の秩序はこの地上における神の不在証明である。人間の側からみれば、盲目的で機械的なメカニズムにしたがっているからだ。その美しさで感動させる海も、船を難破させ人命を奪う荒海も、まったく同じ秩序に服している。にもかかわらず、前者の顔であらわれる海は歓びを、後者の顔であらわれる海は苦しみをもたらす。世界のあらゆる現象が、ただひとつの例外なく、世界の秩序にもとづいていること、さらに、この秩序が神の愛による自己放棄によって支えられていることを理解したとき、われわれはこの世界の秩序をまるごと受けいれることができるだろう。

感性に訴える歓びの感覚は、世界の秩序とは世界の美であることを理解させ、肉体を拘束する苦しみの体験は、世界の秩序とは必然のメカニズムであることを理解させる。操舵《そうだ》術の手引書を丸暗記しても一人前の水夫にはなれない。じっさいに航海に出て、嵐に逢い、難破の危険をくぐりぬけ、ときには漂流の経験もして、身体が本能的に困難に対処するすべを知るまでは、りっぱな水夫とはいえない。

身体をぬきにして訓練は語れない。世界の秩序が美と必然の両面をそなえていることを体得する訓練においても、身体は不可欠の役割をはたす。そして身体を訓練に参加させるものは強制力をもつ苦しみである。歓びと苦しみはどちらも神からの贈り物である。だが、両方を混ぜあわせてはならない。歓びはあくまで甘美なものとして、苦しみはあくまで苦いものとして、それぞれ味わいつくさなければならない。「歓びをつうじて世界の美しさが魂に入りこみ、苦しみをつうじて世界の美しさが身体に入りこむ」のである。

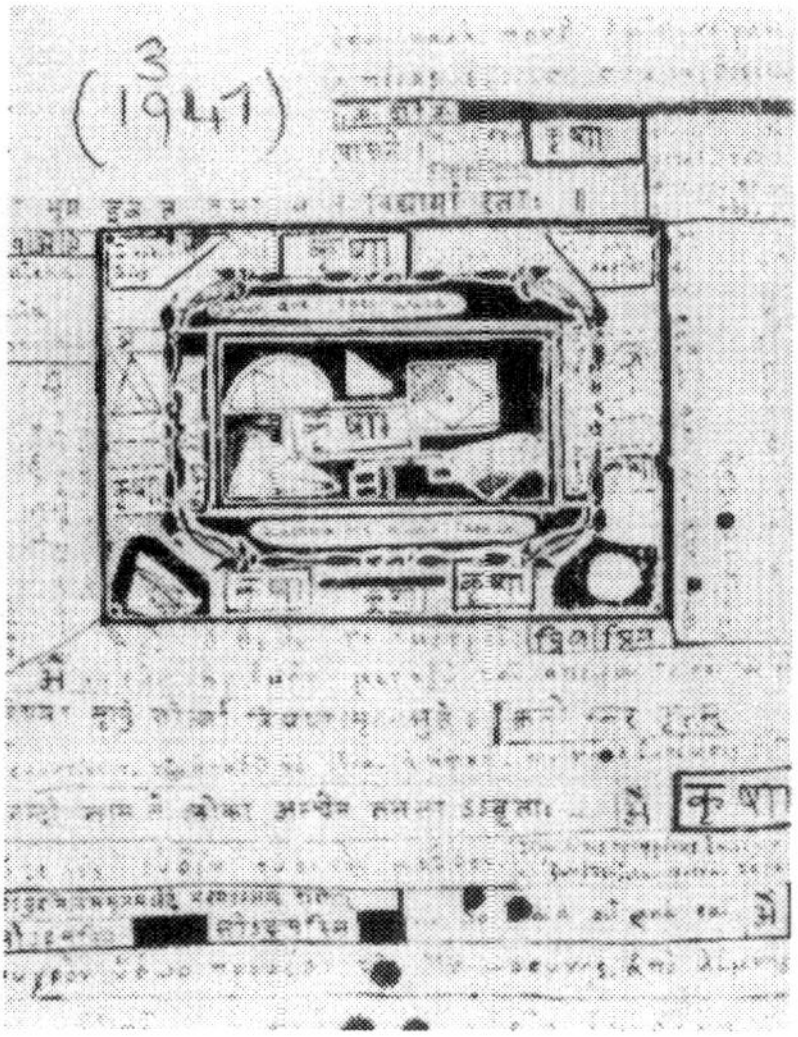

「カイエ」の表紙　1941年に書きはじめた。

キリストの「不幸」

犯罪者として死んだキリストのうちに凝縮された人間の「不幸」と、人間にたいする神の無限の憐れみと愛とは、どのように矛盾なく両立しうるのか。これがヴェーユの問いである。彼女は両立の可能性を直観的に確信していたが、その確信を人にも伝えたいと思った。以後、この問題をめぐる考察が『雑記帳（カイエ）』に綴られるようになる。

人間の悲惨さを描いた光景（『イリアス』、ヨブ、ギルガメシュの逃亡）は美しい。しかも、それによって世界の美しさが変わるわけではない。悲惨そのものは地獄を思わせるほどおぞましいものであるのに、その描写が美しいのはなぜだろう。重力のメカニズムがあらわれでるせいだろうか。

他人の苦しみをとおして神を愛することは、自分自身の苦しみをとおして神を愛するより、はるかにむずかしい。

みずからの苦しみであるならば、愛することによって、その苦しみは変容し、愛の純粋さに比例して、あるときは償《つぐな》いの苦しみとなり、あるときは贖《あがな》いの苦しみとなる。だが、他人の苦しみをどれほど愛しても、それを変容させることはできない。いかなる聖人といえども、何世紀にもわたって十字架刑で死んだ、ローマやローマ属領の奴隷たちの累々たる苦しみを変容させることはできないだろうから。

（『雑記帳（カイエ）』）

断末魔の苦しみを味わい、「わたしの神よ、なぜわたしを見棄てられたのですか」と叫んで息たえたキリストは、それでも神を愛することをやめなかった。彼の愛は完全に純粋だったので、その苦しみは人びとを贖う苦しみとなった。また、旧約聖書『ヨブ記』の主人公ヨブの苦難は、みずからの魂をきよめる償いの苦しみとなった。キリストもヨブも魂と身体の両方において試練をうけた。

キリストは肉体的な苦痛と社会的な失墜をこうむり、ヨブもまたありとあらゆる疾病に苦しみ、社会の嘲《あざけ》りと非難を浴びた。彼らはその体験によって世界の秩序を体得した。だからこそ、彼らの苦闘をあらわに描いた福音書や『ヨブ記』は美しい。いかに苦痛や嫌悪をともなうものであっても、赤裸々な真理には形容しがたい壮絶な美しさがあるからだ。

ポルトガルからアシジをへてソレムへと熟成していく「キリスト体験」は、ヴェーユの後半生において重要な意味をもつ「不幸」論へと発展する。「キリスト体験」と「不幸」論は結びつき、さらに「キリスト体験」はヴェーユ独特の神概念に支えられている。彼女が体験したキリストは、どこまでも「十字架のキリスト」「受難のキリスト」であって、制度化された教会の歴史と伝統に裏打ちされた「栄光の王たるキリスト」ではない。

「不幸」の特性は、不幸な人びと自身には自己嫌悪と罪悪感を、その周囲の人びとの心には「不幸」への憎悪と侮蔑とを生じさせる。「不幸」がこれほどまでに壊滅的な破壊力をもつのは、もっぱらこの波及効果によるところが多い。理性が罪に結びつけるすべての軽蔑、すべての嫌悪感、すべての憎悪を、感性は不幸に結びつける。その結果、ほとんど無意識のうちに、すべての人は不幸な人びとを軽蔑してしまう。ただ、「キリストがその魂のすべてを占めている人」だけが、この過ちをまぬかれることができる。なぜなら、キリスト自身が不幸な人間だったからである。マルセイユ時代にヴェーユは記した。「十字架上の断末魔の苦悶は、復活よりもいっそう神的なものであり、この苦悶こそがキリストの神性が収斂する一点なのだ」と。

民衆と言語

言語化されない「不幸」の体験

人間社会において、昔も今も、言語をあやつる能力はひとつの権力である。高等教育をうけた人間は、すでにその事実だけである種の特権階級に属する。ところで、「不幸」の特性のひとつは、言葉で表現することのむずかしさ、つまりその非言語性にある。状況を説明するための適切な言語能力をもたない。または能力はあっても言明の場を奪われている。あるいは言語に翻訳できないような現実に直面している。これらはみな「不幸」の一症候なのだ。あまりに苛酷な運命に長くさらされてきたために、どのような仕打ちをうけても、抗議の声をあげることさえできなくなっている人びとがいる。どんなに泣きわめいても構ってもらえない赤ん坊は、ついには空腹であろうが病気になろうが泣きもしなくなる。泣いてもむだとわかっているからだ。

古代の奴隷や近代の黒人奴隷はその極端な例である。彼らはけがをすると、「痛くない、これはご主人さまの腕だから」と自分をなぐさめた。反逆心、抗議、抵抗などの反骨精神も、まったく成功の見込みがないところでは、頭をもたげる前に窒息させられてしまう。ご主人さまは奴隷どもがおとなしく従っているのをみて、彼らは現状に満足しているのだと勘ちがいをする。こうなると、「不幸」な人は身ぶりも言葉も奪われ、完全な無言を強いられる。

　叫ぶ能力を完全には押し殺されていない場合でも、心の奥底からの切実な叫びを、他人に通じる言葉にまとめあげることはむずかしい。逆に、あまりにしばしば、不適切で不十分な言葉や表現を、そぐわない瞬間にそぐわない相手にぶつけてしまうので、まともに注意をひくことさえおぼつかないこともある。だれよりも不正な仕打ちに苦しんでいる人間にかぎって、だれよりも語るすべを知らないというのが実情なのだ。

　たとえ語るべき内容と語る能力をもっていても、社会の底辺にある人びとは彼らの主張を述べる機会をもたない。すると、その欲求不満は、本来の相手（工場であれば工場長や経営者）ではなく、その事態に責任もなく権力もない同僚に向けられる。職場でよくある抑圧された者どうしの中傷や抗争はこうして増長される。まず、労働者に必要なものは語るための訓練と機会なのである。

　一方、語る能力と機会をもちあわせている人の多くは、語るべき切実な欲求や内容をもたない。自分自身が身をもって体験するまでは、いかに弁舌にすぐれていようとも、他人の「不幸」を代弁することはできない。「不幸」の実態が知られにくいのはこのような事情による。当事者にとっても第三者にとっても、「不幸」を認識し、それを的確に言語化することはむずかしい。

屈辱は、結果として、思考が入りこめない沈黙や虚言におおわれた立入禁止の空間をつくりあげてしまう。不幸な人が嘆くとき、その嘆きはたいてい不正確で、真の不幸をあらわにすることができない。そのうえ、ふかく根をおろした永続的な不幸となると、その嘆きさえも強烈な羞恥心によって押し殺されてしまう。

（『労働の条件』）

「不幸」のメカニズムは一種の真空地帯を生みだす。不幸な人びとは、孤島に閉じこめられた流刑囚のように、外界から完全に切り離されて、どのような言葉や視線をもってしても侵入することができない真空地帯の捕囚となる。人びとから蔑まれ、厄介者あつかいをされ、「病を知る悲しみの人」と呼ばれた「苦しむ主の下僕」（『イザヤ書』）のように、あるいは、捕らえられ、嘲られ、鞭うたれ、賤しい罪人として十字架にかけられ、「屠《ほふ》られた仔羊」（『黙示録』）と呼ばれたキリストのように、「不幸」のただなかにある魂は、だれからも理解されず、ひとり強要された沈黙の淵で苦しまなければならない。

『イザヤ書』は「苦しむ下僕」の沈黙を強調する。

彼は痛めつけられた。
彼は苦しんだが、口を開かない。

屠り場に曳かれていく仔羊のように、
毛を刈る者の前で黙っている牝羊のように、
彼は口を開かない。

言語操作と権力

一九三一年秋から一年間をすごしたルーピュイ時代に、組合連合と労働総同盟が労働者のために創設した夜間の「学働学校」で、ヴェーユはフランス語と経済学の講義を担当した。労働者の「不幸」の一因は、彼らが自分を翻弄する社会のしくみが理解できずにいること、さらに情報や訓練が欠けているために、不当な仕打ちをされても、不安や怒りをうまく言いあらわせずにいることにあるからだ。

高等師範学校の卒業論文「デカルトにおける科学と知覚」では、言語化能力と権力の結びつきを分析し、知的労働と肉体労働の分離、および前者の後者にたいする優位を基盤とする文化構造そのものに抑圧が組みこまれていると結論した。この考察はルーピュイ時代に発表された論文でさらに展開される。

いつの時代でも、言葉をあやつる能力はなにかしら奇蹟的なものと思われていた。原始社会にあっては、狩猟や採魚の術をわきまえ、驚くべき器用さで道具や武器をあやつることができる大衆が、ある種の公式文を唱えることしか能がないくせに知識を独占する人びとにおとなしく従うのである。

こうした特権的な人びととは祭司である。その公式文にまったく実用性がないにもかかわらず、彼らは行動するすべを知っている人びとよりも優秀な存在であるとみなされていた。

事物をあやつる人びとより、言葉をあやつる人びとが優位にたつという状況は、人間の歴史のあらゆる段階において見いだせる。

さらに付言すべきは、総体的にみて、祭司または知識人といった言葉を構築する人びとが、つねに生産者を搾取する支配者の側に立ってきたことだ。

（「労働組合の在りかた」）

ヴェーユは文化とその基盤となる言語を否定しているのではない。人民の多数をしめる生産者が、文化と言語から遠ざけられてきたことを批判しているのだ。「文化の大衆化」とは、知識人の特権であった文化を「大衆むきに」水で薄めて、大衆にも文化の恩恵にあずからせようという啓蒙運動とは無縁である。労働者は独自の文化を築くべきであるし、築く力があるはずだからである。

文化の「大衆化」

一九三六年、ヴェーユはある工場の機関紙のために、ソフォクレスの『アンチゴネー』を翻案しようとした。その意図を説明した手紙には、「去年のことですが、古代ギリシアの偉大な韻文は、民衆にとって、古典および近代のフランス文学の百倍は身近なものになると感じました」と書かれている。去年、すなわち工場労働の年である。つまりヴェーユは工場体験をつうじて、労働者こそ本物の詩情を必要としており、ギリシアの文学はその源泉となりうると実感していたのである。

（この作品は）工場主から未熟練工にいたるまで、すべての人に興味と感動をもたらすことができるはずです。下っぱの未熟練工であればなおさらのこと、ほとんど苦もなくその世界にひたれるでしょう。しかも、そういう人にも手が届くものにするとはいえ、わたしのほうで恩着せがましく卑下したり、努力したりする必要はありません。わたしは大衆化ということをこのように理解しています。（『労働の条件』）

『アンチゴネー』は、不合理な権力にさからって、孤独や屈辱にも自己の尊厳を失うことなく、さいごまで闘いつづけた勇気ある女性の物語である。社会の不正を日々その身に感じて生きている労働者であれば、このような人物像に自然な共感をおぼえるにちがいない。

現代のもっとも実証的な科学もふくめて、あらゆる人間的な思考が発達してきた母胎は宗教であるから、労働者に宗教と文化にたいする軽蔑を吹きこむことは誤りである。否定されるべきは、生産者にたいする知識人のいわれなき優位である。過去の文化遺産のすべてを「ブルジョワ的」だという理由で排除する必要はない。労働者は真にすぐれた遺産をわがものとしつつ、みずからの文化を築きあげるべきだ。そのためにも言語能力を習得しなければならない。

そのさい、習得の手段であり目的でもあるテキストをどう選択するかが問題となろう。特権階級の知識人がほぼ独占して操作してきた文化は、そのままでは労働者の心の糧とはなりえない。まったくあたらしいテキストを作りだすことはもちろん必要だ。ただ、ヴェーユはT＝S＝エリオットが評したように、「ほとんどの保守主義者よりもはるかに伝統を愛していた」から、主として古代ギリシアの作品をあたらしい視点で読みなおすことによって、民衆のためのテキストを準備しようとした。彼女が『根をもつこと』で述べているように、歴史や伝統から完全に切り離された文化の根こぎ現象は、革新ではなく破壊をもたらすものでしかないからである。

晩年のヴェーユが民間伝承の研究にあれほど熱心にとりくんだのも、すぐれた文化遺産の「大衆化」という広大な計画の一端ではなかったかと、筆者は考える。このような問題意識にもとづいて、V章では、ヴェーユの思想における民間伝承の意味を問いなおしてみたい。

V　民間伝承の研究

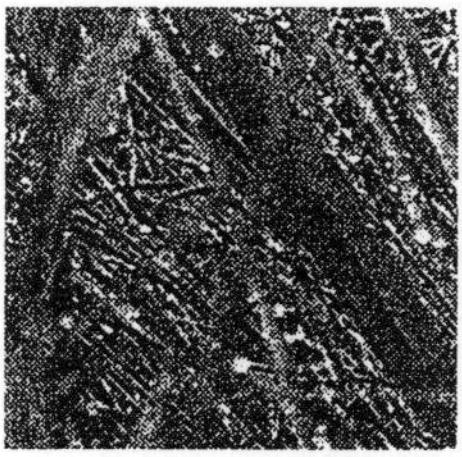

民間伝承とはなにか

晩年の関心事　病院に収容されて二ヵ月がすぎても、ヴェーユは病床を離れられずにいたが、ニューヨークに亡命している両親に、病気のことは隠して手紙を頻繁に書きおくり、さまざまな宗教や民間伝承について、時間があれば本気で研究したいと語っている。

（諸宗教と民間伝承にかんする理論について、）わたしの脳みその裏側あたりに、うまくいけば、ひとつの概念に結実するかもしれないなにかが訪れたという気がするのです。もっとも、それもあとになって暇があればの話ですし、この印象が的確な予感なのか、たんなる幻想にすぎないのかを知るべくもありませんが……。

（『ロンドン論集とさいごの手紙』）

もっとも、彼女にはその「暇」がなかった。この手紙の二ヵ月後に、アシュフォードのサナトリウムで帰らぬ人となったからである。ともあれ、彼女がキリスト教以外の宗教や民間伝承によせていた関心が真剣なものであったことはたしかである。マルセイユ、ニューヨーク、ロンドンで著された『雑記帳（カイエ）』『超自然的認識』『前キリスト教的直観』『ロンドン論集』『ある修道士への手紙』『神を待ち望む』などを読むと、こうしたテーマへの熱意とかなり系統だった研究のあとがみられる。「暇」があれば着手されたであろう宗教や民間伝承の研究が、どのような意図と方向性をもっていたのか、いまとなっては推測するしかない。そのためには、ヴェーユがプラトンのさまざまな著作に散見される断片を再構成して、その思想の真髄をつきとめようとしたように、忍耐づよく緻密な作業が必要だろう。

唯一の神、唯一の真理

キリスト教が主張するように、神とは唯一にして絶対的な真理の源であるならば、すべての文化遺産のなかに、この同じ真理の反映が見いだされるはずだ。神がユダヤ教とキリスト教の聖典においてのみ自己を啓示したという考えかたは、ヴェーユには承服できなかった。すべての人間の救いが問題なのである。欧米を制覇したキリスト教といえども、白人の宗教という歴史的な枠組をついぞ出ることがなかった。世界的な視野にたてば、ユダヤ-キリスト教的な伝統のみを特別視する理由はまったくない。

十字架の聖ヨハネは信仰を銀の反映にたとえている。ところで、真理こそが黄金なのである。さまざまな真の宗教は、この同一の真理の異なる反映であり、おそらくひとしく貴重なものである。しかし人間にはこのことが理解できない。各人はこれらの伝承のひとつを生きており、そのほかの伝承を外部から見ているからである。
（『ある修道士への手紙』）

時代と場所を問わず、あらゆる宗教や民間伝承をつらぬいて流れる唯一普遍の真理を、厳密に根拠づけるという、気が遠くなるような「壮大な企て」の全貌をあきらかにすることはもとより不可能である。そこで、民間伝承における「神による人間の探索」にテーマを限定して、ヴェーユの意図するところを探ってみたい。

「民間伝承」「おとぎ話」「神話」「哲学的比喩」「宗教的聖典」「古代の文学作品」など、じっさいには厳密に分類しなければならない多様な領域におよぶ文献群に、ヴェーユは実質的な差異をほとんど認めていない。社会史的・文化人類学的・文献批判学的な背景はほとんど無視されているといってもよい。専門家の立場からみれば、とうぜんながら正当な異論や批判があろう。しかし、本稿ではもっぱら彼女の関心や意図に焦点を合わせたい。

神の真理の隠喩としての宇宙　「宇宙とは神的な諸真理の隠喩《いんゆ》である。これが神話の根拠だ」という『超自然的認識』の一節がある。ここにヴェーユの神話観が要約されている。神話は人間の勝手な想像力の産物ではない。もちろん、時代・地域・社会の状況しだいで、個々の文献は変形されたり脚色されたりする。しかし真正な神話というものは、宏大な隠喩としての宇宙的な表象をその中核に宿している。問題はどうすればその中核を取りだせるかということだ。ヴェーユは神話と民話はつねに超自然的なもの、つまり人間の霊的生活について語っていると確信していたから、歴史的・社会的な人為的背景は副次的な要因とみなしていた。もちろん、彼女はすぐれた歴史感覚をそなえていたが、霊的な領域においては、時間と空間の法則は背景にしりぞくと考えていたのである。

晩年のヴェーユの関心は、地上における「神の臨在」の痕跡を、神話や民間伝承のうちに見いだそうとする試みへと収斂していく。その直接的なきっかけは、とりわけソレムにおける「受難のキリストの現存」の体験であった。地上における「神の臨在」の可能性を確信し、唯一の神の真理は、時代と場所を問わず、民衆の叡知のうちに啓示されることを、民間伝承の研究によって論証しようとしたのである。

哲学と宗教の本質的なちがいは、哲学が限られた環境において限られた人びとによって信奉されるにとどまるのにたいして、宗教はひろく多様な環境において多様な人びとの心や生活様式に浸透することにある。すべての人間の救いが問題になる以上、神の叡知は大衆の手にとどくところにあるはずだ。その意味で、民間伝承にこそ、人間の精神的な遺産のエッセンスがふくまれていると考えたのであろう。

ヴェーユの民間伝承研究をたどっていくと、ソレムにおける「キリスト教との第三の出逢い」を分水嶺として、それ以前とそれ以後とでは、その思想に微妙だが決定的なちがいがみられる。この分水嶺で区切られるふたつの時代を、ここでは便宜上、それぞれ「キリスト以前」「キリスト以後」と呼ぶ。さらに、後者を二部に分け、全体としては三部構成のかたちで、彼女の民間伝承研究の実像に迫ってみたい。

罪のない人間による贖罪

「六羽の白鳥」の少女の試練　一六歳のヴェーユは、アランに提出した「グリム童話における六羽の白鳥の物語」という自由作文で、「プラトンの美しい思想のなかでも、ひときわ美しいものは、神話の瞑想をつうじて見いだされたものだ。われわれもまた、神話からなにかをひきだすことができるかもしれない」と書いた。

「悪い継母」によって白鳥に変えられた六人の兄を人間にもどすために、主人公の娘はきびしい試練をうける。六年かけて編んだアネモネのシャツを彼らに着せると魔法がとけるという。しかも、この六年間は笑うことも話すことも許されない。六年ものあいだ、笑わず、口をきかず、およそ編みものには向かないアネモネでシャツを編む、という救済手段にヴェーユは注目する。「妹の試練が、たとえば魔法の植物を探すということなら、この民話は似て非なるものとなる。魔法の植物は兄弟たちは救えても、妹自身を救うことはできなかったろうからだ」。

ヴェーユによれば、救わなければならないのは、白鳥になった兄弟だけではない。なんの罪もないとみえる妹もまた、救われなければならない存在である。ここに、キリスト教的とはいえないまでも、プラトンが「洞窟神話」（『国家』）で論じた「原罪」観を読みとることができよう。

償いとしての苦しみ

六人の兄は、外在的な悪から解放されるために、外部の救済者を必要とする。妹のほうは、他者を救う作業をつうじてみずからを救う。これはソフォクレスの『アンチゴネー』にも似た状況である。『前キリスト教的直観』では、ソフォクレスの『アンチゴネー』によせて、純粋な存在が悪を贖うとするヴェーユ独自の贖罪論が展開されている。『アンチゴネー』は、成文律（クレオンに代表される国家の法）と不文律（アンチゴネーに代表される神の法）の二律背反の葛藤のドラマ以上のものだ。それは「原罪」のドラマでもある。

『雑記帳（カイエ）』の分析によると、「堕落をもたらすだけの無益な苦しみ」「償いの苦しみ」「罪のない人びとの特権としての贖いの苦しみ」という三種類の苦しみがある。白鳥の妹やアンチゴネーの試練は、第三の苦しみ、贖いの苦しみなのである。

アンチゴネーとそのきょうだいは、オイディプスと彼自身の母イオカステとのあいだに生まれた子どもである。オイディプス自身、父ライオスのよこしまな行為のせいで、生まれながらに呪いをうけ、そうとは知らずに、実父を殺し、実母と結婚することになる。先祖の罪や呪いがつぎつぎと子孫に伝えられ、その悪循環はいつはてるともしれない。このときがたいジレンマこそがギリシア悲劇の中核である。

多くのギリシア悲劇において、罪が生みだした呪いは世代から世代へと伝えられる。そしてついに、呪いがひとりの完全に純粋な人間にたっしたとき、その人は呪いをあますところなくなめつくす。そのときはじめて呪いは押しとどめられる。

ライオスが犯した神への不従順の罪はひとつの呪いを生んだのだが、これをまともにうけて押しとどめる存在は、アイスキュロスにおいてはエテオクレスであり、ソフォクレスにおいてはアンチゴネーである。

ギリシア悲劇の「宿命」と呼ばれるものはひさしく誤解されてきた。「宿命」などというものはない。あるのは呪いである。呪いはひとたび罪によって生みだされるや、人から人へと伝えられ、純粋な犠牲者の苦しみ、つまり神への従順によってしか破壊されないのである。

（『前キリスト教的直観』）

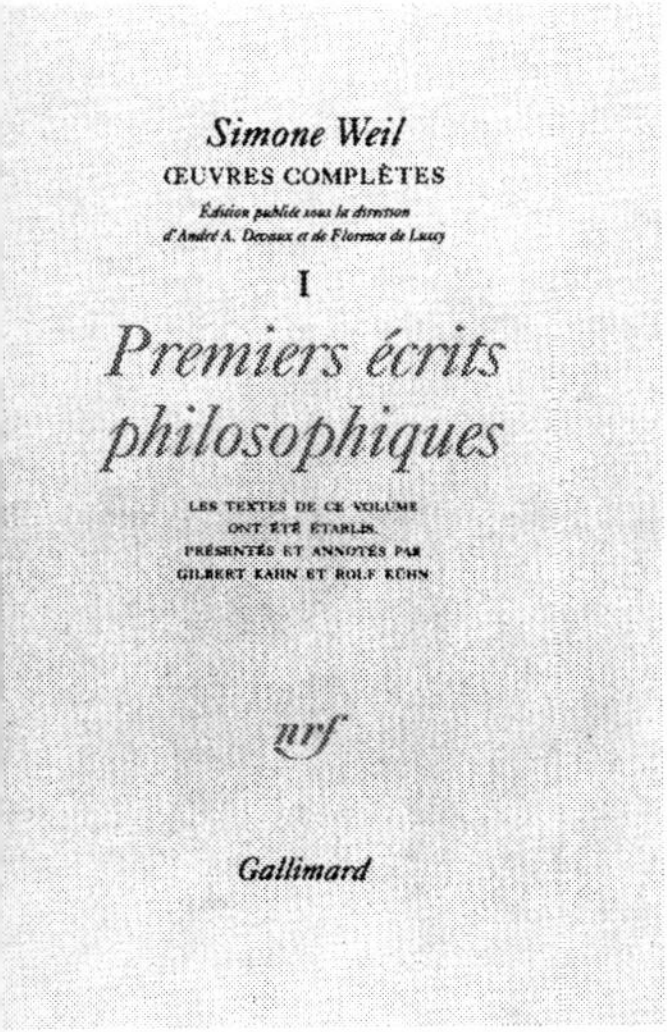

シモーヌ＝ヴェーユ全集第Ⅰ巻
「グリムにおける六羽の白鳥の物語」の作文が収められている。1988年刊

アンチゴネーは国賊の汚名を着せられた兄の魂を救済しようとして、無残な死をとげる。アンチゴネーが放置されたままの兄の死骸を弔おうとして、捕らえられ、監禁され、沈黙を強いられ、さいごに生き埋めにされたように、白鳥

の妹は、ひとり森に隠れすみ、笑うことも話すこともならず、アネモネでシャツを編む。しかし、彼女たちは苦しむことによって他者を救い、その結果として、みずからをも救うのである。

逆説の世界

ヴェーユは幼いころに母から聞いた「黄金のマリーとタールのマリー」が、のちの自分の生涯に決定的な影響をおよぼしたと語ったが、この物語の勧善懲悪のパターンや黄金のマリーの成功譚《たん》に感動したとは思えない。むしろ、この地上においては、賤しいものに価値があり、尊くみえるものに価値がないという逆説に共鳴したと考えるべきであろう。

プラトンの「洞窟神話」にならって、ヴェーユもまた、地上においてはすべてが逆転していると考える。ヴェーユ自身がギリシア語原文から訳した文章を引用したい。

人びとが地下の洞窟に住まっていると考えてくれたまえ。この洞窟は光に向かって幅いっぱいに開いている。彼らは洞窟に子どものころから住んでいる。脚と首を鎖につながれてね。だから、彼らは身動きもならず、自分の前方しか見ることができず、鎖のせいで頭をめぐらせることもできない。

かなり後方では、彼らの頭上で燃える焔が光をはなっている。焔と、鎖につながれた人びとをよこぎるように、上方に一本の道があって、その道ぞいに壁がある。からくり人形師が自分たちと公衆とのあいだに立てて、そのうえから出しものを観せる台のようなものだ。
さて、人間や動物をかたどった木や石の人形やあらゆる種類の工作物を、壁からつき出るように高くかかげて、この壁ぞいに通過する人びとを思い描いてくれたまえ。これらを担いでいる人びとは、とうぜんながら、あるときは喋り、あるときは黙っているのだ。（『ギリシアの泉』）

ソクラテスによれば、この洞窟の情景はたんなる比喩以上のものだ。それは現在のわれわれ自身の姿にほかならない。われわれは能動的に動けず、目にするもの、耳にするものは、じつは「つくりもの」の影、または壁に反響する音でしかない。しかも、生まれながらに行動の自由を奪われているなどとは夢にも思わず、見聞きするものが幻影でしかないことにも気づかない。自分自身の不自由さを自由ととりちがえ、事物の投げかける影や反響を実在ととりちがえている。それ以外の現実を知らないのだから、そもそも比較のしようがないのである。ヴェーユは言う。

われわれは懲らしめをうけて生まれる。これはピュタゴラス派の概念である。原罪は問題になっていないが、この種の過誤は暗示されている。この描写には刑罰の色彩、牢獄の色彩が濃いのである。

われわれは虚偽のうちに生まれ、虚偽しか与えられていない。その存在そのものさえ虚偽である。自分を見ていると思っているが、自分の影を見ているのにすぎない。「汝自身を知れ」という格言は、洞窟のなかでは実行不可能なのだ。

（『ギリシアの泉』）

ソクラテスは言う。われわれが体験する現象は逆転してあらわれる。受動性は能動性として、禁固は自由として、幻想は現実として、死せる物質は生ける実体として、強制は選択として体験される。逆転した世界に生きている者には、美しいものは醜いものとして、尊いものはつまらぬものとして、愛すべきものは嫌悪すべきものと感じられる。

ここにヴェーユがあれほど感動したという「黄金のマリーとタールのマリー」の教訓を読みとるべきだろう。この教訓とは、ヴェーユの理解によれば、一般に信じられているような謙遜と忍従の「美徳」ではなくて、自己認識の確かさを称えたものなのだ。

われわれは生まれながらに損なわれた方向感覚をそなえているので、上昇するときに下降しているような感覚をおぼえ、下降しているときに上昇しているような感覚をおぼえるのである。

われわれはゼロのはるか下方に位置する一点に生をうける。ゼロがわれわれにとっての最大値である。そのゼロとは、（$\frac{1}{2^n}$という数式であらわされるような）無数の項からなる級数をへてはじめて到達することができる上限なのだ。

（『超自然的認識』）

「みずからを高める者は低められ、みずからを低める者は高められる」というキリストの言葉は、ヴェーユによれば謙遜を説いたものではなく、人間の自己認識のメカニズムを言いあらわしたものだ。わざわざ卑下する必要はない。自分のありのままの姿にめざめさえすればよい。自分が「ゼロ」であることを受けいれればよいのだ。しかし、この受容はわれわれの自己愛にさからう。われわれはなにものかでありたいと望むからだ。

「道化」の語る真理

真理と不幸はみずからを語る言葉をもたない。このテーマはヴェーユの全思想をつらぬいている。真理は不幸とわかちがたく結びついている。不幸を知る者のみが真理を知りうるのである。

余命いくばくもない病床のヴェーユは、一九四三年八月四日付の両親への手紙に、シェークスピアの道化は不幸と真理の不可分性を体現していると書いた。「道化」（fool）という言葉は「きちがい」「ばか」「まぬけ」といった両義的な含みをもつ。じっさいに、シェークスピアの道化は、人があえて口にしない怖るべき真理を暴露する役回りをしばしば演じている。

ひとり道化だけが真理を語るのです。わたしがこの地で『リア王』を観たとき、この道化のたえがたいほど悲劇的な特性が、かくも長いあいだ、なぜいままで（わたし自身もふくめた）人びとの目にとまらなかったのかを考えました。彼らの悲劇的な特性というのは、ときおりうんぬんされる感傷的なものとは関係ありません。その悲劇性とはつぎのようなものです。この地上にあっては、もっとも辱められた状態、乞食の状態よりもいっそう賤しい状態にまで落ちこんだ者、社会的な威信はもとより、人間としての基本的な尊厳すなわち理性すらもたぬとみなされている者、じつはそういう人間だけが真理を語ることができるのです。ほかの人間はみな虚言を弄《ろう》しています。

『リア王』において、そのことはあきらかです。ケントやコーディリアでさえ、真実を語らなければまっかな嘘を吐くしかないという二者択一に迫られないかぎり、真理の衝撃をやわらげ、弱め、おだやかにし、おおい隠そうとし、まっすぐに真理をめざすことをためらうのです。その場合、悲劇のきわみは、道化は大学教授の資格も司教の冠もそなえていませんから、あらかじめその気でいる人はともかく、だれひとりとして、彼らの言葉の意味に注意をはらおうともしないのです。それどころか、だれもが逆の態度をとってしまいます。しょせん道化にすぎないのですから。

たとえ彼らが真理を言いあらわしたとしても、その言葉に耳をかたむける者はいません。だれひとりとして、シェークスピアの読者や観客もふくめて、四世紀も昔から現在にいたるまで、道化が真理を語っているということに気づいていないのです。
ところが、彼らは風刺的な真理やユーモラスな真理ではなく、まさしく真理そのもの、純粋で、混じりけがなく、輝きにみちた、深遠にして根源的な真理を語っているのです。

（『ロンドン論集とさいごの手紙』）

人間を探し求める神

神と魂の出逢い　『前キリスト教的直観』は、フランチェスコ会士ヤコポーネ＝ダ＝トディの頌《しょう》歌《か》「汝ハ我ヲ探シ求メ、疲レハテテ、腰ヲ降ロシタマヘリ……」というラテン語の引用ではじまる。この一節は『前キリスト教的直観』全体の要約ともいえる。「汝」とはキリストであるが、この引用にヴェーユの注釈がつづく。

福音書において、わたしの勘ちがいでなければ、人間による神の探索が問題になることはない、ということに留意すべきである。すべてのたとえ話で、人間たちを探し求めるのはキリストである。もしくは、神が自分の下僕たちを遣わして人びとを連れてこさせる。または、ある人がまったく偶然に神の王国を見いだすこともある。そしてそのとき、いや、まさにそのときはじめて、その人は自分の持てるものすべてを売りはらうのだ。（『前キリスト教的直観』）

「キリスト以前」の民間伝承の解釈は、罪のない人間による自己と他者の浄化、つまり贖罪としての試練をテーマとしていた。「キリスト以後」は、神による人間の探索、つまり恩寵として与えられる魂の救いが問題となる。そのさい、ヴェーユは福音書のたとえ話を解釈するいつもの方法、すべての登場人物や形象を純然たる隠喩として解釈する方法に訴える。

まず、ひとつの大前提がある。おとぎ話で、だれかがなにかを求めて旅立つとき、「これらの探索において、探されたり探したりしているものはいつでも神である」ということだ。そこで、物語をテーマにしたがって二類型に分けることができる。ひとつは「探し求められる客体としての神」、もうひとつは「探し求める主体としての神」である。

もちろん、「客体としての神」という表現は正確ではない。人間が神に近づくのではない。神が人間に近づくのである。人間はただじっと見つめ、待ち望むことしかできない。はじめの一歩をふみだすのは神である。イニシアティヴの行使は神の特権なのだ。人間はその呼びかけに応えることも応えないこともできる。選択は人間の特権である。もし応えようとするならば、はてしない時間と空間が眼前に開ける。かつて神が人間に出逢うために越えてきたこの時間と空間を、こんどは人間が逆方向に旅するのである。

神と人間とをかぎりなく隔てる深淵は、ふたつの方向から乗りこえなければならない。まず神によって。ついで、神の呼びかけにめざめた人間によって。全創造をつらぬくこの距離が双方向から踏破されたとき、はじめて創造主と被造物は「顔と顔をあわせて」出逢う。こうして、十字架の聖

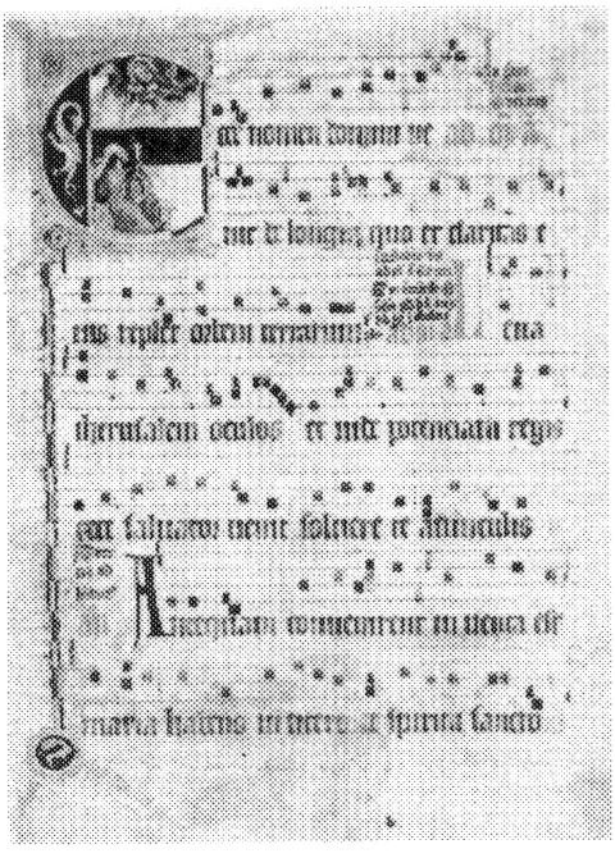

グレゴリオ聖歌の楽譜
ヴェーユが愛した聖歌

ヨハネが「霊魂の暗夜」と呼び、おとぎ話が「しあわせな結婚」と呼ぶ、神と魂との出逢いが実現されるのである。

民話「ノロウェイの赤い牡牛」

晩年のヴェーユの心を占めていた民話がある。スコットランドの「ノロウェイの赤い牡牛」である。『雑記帳（カイエ）』では「三夜物語」と呼ばれることもある。本来この二作は別の伝承なのだろうが、ヴェーユは同一の主題をあつかった同起源の物語とみなして、互いを補いあって利用している。ちなみに「ノロウェイの赤い牡牛」「ノロウェイの黒い牡牛」「ノロウェイ公」はみな同じ話である。物語の前半の要約はこうだ。

> ある王に三人の娘がいる。ある夜、王女たちは自分の結婚について話す。長女は王を、次女は王子を望む。いちばん美しい三女は、「わたしはノロウェイの赤い牡牛でいい」と言う。翌日、その赤い牡牛が末娘を迎えにくる。王女と牡牛はいろいろな国を旅する。ある日、王女は牡牛の皮にピンを見つけ、これを引きぬく。美しい王子が現れ、王女の足もとにひざまずいて礼を言う。しかし、その瞬間、彼は消えうせてしまう。彼女は探す。
>
> （『超自然的認識』）

デメテル女神の愛娘を野原に誘いだした水仙、シャルル＝ペローの「美女と野獣」で末娘がほしがった薔薇の花、「ノロウェイの黒い牡牛と結婚できればうれしい」という王女の言葉、これらはみな人間の魂を捕らえようとする神の策略である。ヴェーユはこの策略を「罠としての神の恩寵」と名づけた。

魂の大半を構成している肉的な部分にとって、顔と顔をあわせて神を見ることは死を意味する。死にたくない肉的な部分は、とうぜんながら、全力をつくして神との接触を避けようとする。そこで、神は策略を弄して魂を誘惑しなければならない。どのような人間でも美的な感性をもちあわせている。美は神にとって最高の罠なのである。

『デメテル女神への讃歌』の象徴体系はすばらしい。ゼウスと大地母神の娘、それは魂である。その芳香が全天と全地をほほえませる水仙、海の轟き、それは美の感覚である。この美があらわれるとき、全宇宙はわれわれにほほえみかける。魂は感動にうちふるえ、美をつかもうとする。しかし、この美は神の罠である。ゼウスの罠である。魂が美のほうに一歩ふみだすやいなや、神は魂を捕らえる。

（『超自然的認識』）

こうして、ノロウェイの赤い牡牛は、王女のやさしい求婚の言葉に誘われて、姿をあらわす。結婚したふたりは旅をするが、その道中ずっと、牡牛は王女の正体に気づかない。一方、王女もまた牡牛のほんとうの姿を知らない。ふたりを隔てるものは一枚の「動物の皮」である。この皮はなにを意味するのだろうか。『前キリスト教的直観』の断章を参考にしよう。

ある王子（ここでは「ノロウェイ公」と呼ばれている）は昼は動物の姿だが、夜は人間の姿をしている。ある王女が彼と結婚する。ある夜、彼女はこのような状況にうんざりして、夫の動物の皮を焼きすてる。すると彼は立ちさってしまう。彼女は探さなければならない。

（『前キリスト教的直観』）

ノロウェイ公は人間であるが、その人間性には獣性がいまだ多く混ざりあっている。太陽が輝いているあいだ、ノロウェイ公は動物の皮をかぶっている。この皮は遮断幕である。おかげで、魂の肉的な部分は神とじかにふれあわずにすむ。「太陽」はプラトンの比喩にもあるように、「善」すなわち神の表象だからだ。ノロウェイ公は夜間（無意識の闇のなか）でなければ王女と対面できない。「このような状況にうんざり」した王女は、ノロウェイ公のほんとうの姿を太陽のもとで見たいと思い、動物の皮を焼きすててしまう。さきに引用した『超自然的認識』の断章では、王女がピンを引きぬくことによって、王子は人間の姿をとりもどす。これは同じことだ。ピン一本の裂け目でも太陽の光はさしこむからだ。しかし、まだ白昼の光のもとで神と対面することはできない。魂は逃げる。そして神の探索がはじまる。

姿をくらましてしまった魂を探して、神ははてしない旅に出る。旅に苦労はつきものである。「ノロウェイの赤い牡牛」では、心理的なつらさが強調されているが、この話と同型のロシア民話「輝ける鷹のフェニストの小さな羽」では、物理的なつらさがなまなましく語られる。その意味で両者は補いあう。物語の構成はほとんど同じで、人間の魂が牡牛の姿をとっているか、鷹の姿をとっているかのちがいしかない。

神の嘆きの歌

鷹のフェニストは娘と別れるときに、こう言いのこす。「九の三倍の国にわたしを探しにきておくれ。けれども、鉄の靴をはきつぶし、石の手綱《たづな》をすりきらし、鋼《はがね》の杖をこなごなにするまでは、あなたはわたしに会えないだろう」。おとぎ話の予言はかならず成就する。娘は予言どおりの苦難にあう。「ノロウェイの赤い牡牛」の王女も同じだ。飢えと渇きで死にそうになっていたとき、王女はひとりの老婆に会う。老婆は王女に三つのはしばみの実を与えるが、「心臓がはりさけそうになるまでは」、この実を割ってはならないと忠告する。

「ノロウェイの赤い牡牛」の王女は、ようやくノロウェイ公の城にたどりつく。ところが、城は数日後におこなわれる結婚式の準備でにぎわっている。落ちぶれはてた王女は台所女中として城に入る。王女がはしばみの実を割ると、美しいドレスがでてくる。ノロウェイ公の婚約者は、そのドレスとひきかえに、公の部屋で一夜をすごす許可を王女に与える。しかし、眠り薬を飲まされている公の耳には、「はるか遠くであなたを探した、こんなに近くあなたのもとに導かれた。愛しいノロウェイ公、わたしのほうにふりむいて、話しかけてくださいな」と嘆く王女の声がとどかない。二日目も同じ。三日目、夜が明ける直前にノロウェイ公はめざめ、妻である王女を思いだす。

鷹のフェニストを探す娘も同じ運命をたどる。眠りこける夫のそばで「わたし、あなたの愛しい乙女は、はるか遠くから、あなたのもとへやってきました。鉄の靴をはきつぶし、鋼の杖をこなごなにし、石の手綱をすりきらしました。どこでも、いつでも、愛する人よ、わたしはあなたを探しつづけました」と嘆く。

ふたりの歌は驚くほど似ている。どちらも愛する人に会うためにつらい長旅の試練に耐えてきた。やっと会えたときには、どちらの相手も眠っている。ふたりとも相手を起こすために、歌などよりもずっと有効な手段、たとえば揺さぶり起こすといった直接的な手段には訴えない。眠り薬をもられて昏睡している人間に、涙ながらのささやくような歌声がどれほどの威力があるだろうか。しかし、神はこのように愛する。夜があけるまで、人間の意識の闇がはれるまで、小さな声で、しんぼう強く、神は歌いつづける。

この無力な王女の姿は『饗宴』で描かれるエロースの姿と重なる。

無力なエロース

エロースは、神がみのあいだでも、人間たちのあいだでも、不正をおこなうことも、こうむることもない。なぜなら、エロースは苦しむことがあっても、強いられて苦しむのではない。力はエロースになんの影響もおよぼしえない。エロースがはたらきかけるときも、力ずくではたらきかけることはない。だれでも、すべてにおいて、よろこんでエロースにしたがうからだ。

（プラトン『饗宴』）

エロースは愛や勇気を鼓舞するが、そのとっておきの手段は美である。美は権力や恐怖に訴えることなく、人の心を動かすことができる。台所女中に身をやつした王女にはなんの権力もない。正体をあかすことさえできない。ノロウェイ公の部屋で夜をすごすことができたのは、はしばみの実からとりだした美しいドレスが、公の婚約者を魅了したからだ。このように、「美は魂に入りこむ許可を得ようとして、肉を誘惑する」。ヴェーユは『雑記帳（カイエ）』に記した。「王女、それは降りてくる神性である。神は夜に肉的な存在とむすびつく。しかし、恩寵の光がさしそめたとき、被造物は姿を隠す。魂は消えさる。善は魂に自分の姿をあらわすために、魂を誘惑しなければならない。美とはこの誘惑なのである」。

この物語には二度の出逢いがある。一度目の出逢いは無意識の闇のなかで、二度目の出逢いはめざめた意識の光のなかでおこる。第二の出逢いが魂に救いをもたらすのだが、決められた期限がある。決定的な瞬間に、魂は決断しなければいけない。いつまでも迷っていることは許されない。ノロウェイ公は、第三夜があける直前に、ようやくめざめる。決定的な瞬間において、救われる魂と滅びる魂には微分的な差しかない。しかし、まさしくこの微分的な差が救いを左右するのである。

隠された神

長旅で疲れはてたみすぼらしい格好の王女は、台所女中という賤しい身分でノロウェイ公の城に入る。同じように、神は権能のみならず、輝きさえも奪われた姿で、人間を訪れる。そのような神を見分けることができるかどうかが問題なのだ。

人はみな正義を愛し、不正を憎むという通念、および、善はだれの眼にもあきらかであるという通念は、けっして自明のものではない。ほんとうにそうなのか。人びとは正義そのものではなく、正義がもたらしてくれる評判や恩恵を評価しているだけではないのか。正義の内実ではなく、正義の外観で満足するのではないか。

プラトンは『国家』でひとつのケーススタディを試みる。

正義の外観ではなく内実を求める人間がいるとしよう。この人は文句のつけようがない義人であるが、正義がもたらすあらゆる評判や恩恵を奪われている。しかも、いっさいの不正と無縁であるにもかかわらず、全生涯をつうじて、およそ考えられるかぎり最大の汚名をこうむらなければならない。プラトンはさらに言う。「この完全な義人は鞭うたれ、拷問され、鎖につながれ、両眼を焼きつぶされ、ついには、ありとあらゆる苦痛を与えられてから、処刑台の柱にくくりつけられるだろう」。このような目にあっても、正義の内実をそなえていることは望ましいと言えるのだろうか。「しかり」と、プラトンは答える。できるだけ神に似た者となることが救いである。これ以外に神に近づく道はない。救いは個々の善行の報いとして与えられるものではない。救いは魂の状態そのもの、魂が生きてきた軌跡の集大成として、魂に刻みこまれるものなのだ。

プラトンの「完全な悪人の外観と評判を課せられた完全な義人」、『イザヤ書』の「苦しむ義人」、女中に身をやつした王女、そしてなによりも、弟子や民衆はもとより、神からも見棄てられたと感じた十字架上のキリストといった、外見的にはなんの輝きもない存在のうちに神を認めることが救いの鍵となるのである。

神を探し求める人間

『超自然的認識』で靴屋の冒険が語られる。これは「霊的体験を翻案しようとした試み」である。この物語では、人間による神の探索に焦点があてられる。神がはじめた人間の探索は、逆方向に道程をたどる人間の探索をもって完結するのである。

靴屋の冒険

ある靴屋が王女と結婚しようとしている。王女は彼に救われたので結婚を約束したのだ。王女は再会の場所と期日を指定した。期日は三日にわたっている。靴屋は約束の場所にいき、泊まった宿でその話をする。

彼は睡眠剤を飲まされ、指定の場所に着くが、そこで眠りこんでしまう。魔法の馬車でやってきた王女は泣いて靴屋の名を呼ぶが、彼をめざめさせることはできない。王女は刺繡されたハンカチを残してたちさるが、羊飼いの少年がそれを盗む。

つづく二日も同じことがおこる。

七年のあいだ父の城で靴屋を待つつもりであることを、王女は羊飼いの少年に頼んで靴屋に告げさせる。

靴屋はひとりの賢者に城への道をたずねる。

賢者は言う。

「この森をよこぎるのだ。城は森のむこう側だ。だが、おそらく七年の七倍かかっても着かないだろう。試みた者はみな死ぬか諦めるかした。」

靴屋は森へ行く。斧を何丁も手にいれて、木を切りたおしはじめる。小径のひとつもないからである。切れば切るほど、ますます森は生い茂る。あちらこちらと試してみるが、いつも同じ結果である。

ライオンから逃げようとして一本の木に登る。そこからはてしなく広がる森を見て、絶望する。しかし、「森をよこぎるのだ」という賢者の言葉を思いだし、梢から梢へと渡ることをはたと思いつく。

こうして七年が過ぎる。七年目の終わりに、お祭り騒ぎの城にたどりつく。翌日、王女は結婚することになっている。靴屋はぼろをまとい見分けのつかない格好で城に行く。彼は王女と結婚する。


（『超自然的認識』）

ヴェーユによれば、この物語の神秘的意味はあきらかである。これは一般に信じられているよう

ヴェーユの切手　1979年発行

な、貧しい庶民の靴屋が王女と結婚し、王国を相続するという立身出世の物語ではない。「ノロウェイの赤い牡牛」と同じように、靴屋は人間の魂の象徴であり、王女は神の象徴である。登場人物の性別はこのさい問題にならない。たとえば、アルバニア民話「蛇と結婚した王女」は、「靴屋の物語」とまったく同じ展開をするが、神と人間を意味する男女のわりふりは逆だ。そこでは王女が人間の魂で、蛇の姿をした男が神である。放浪の旅で苦労するのは王女、つまり人間のほうなのである。

再会を妨げるもの

話を元にもどそう。靴屋（魂）と王女（神）の第一の出逢いは終わった。いま、靴屋と王女は二度目の、そして決定的な出逢いを約束しあっている。例によって、三日と期日は決まっている。ここでもやはり「ノロウェイ公の牡牛」と同じく、眠り（無意識）が魂と神の出逢いを妨げることになる。

靴屋は泊まった宿屋の女主人に王女との約束を話してしまったために、嫉妬を買って、眠り薬をもられてしまう。宿の女主人とは、魂の下層部つまり魂の肉的な部分である。女主人の悪意が妨害の直接の理由であるが、妨害を準備したものは、神との出逢いを避けようとする靴屋自身の無意識である。その無意識は肉という共犯者をもっている。肉は神と再会したいという魂の憧れをはばもうとする。しかし、肉は主犯にはなりえない。無意識にしろ、魂が肉の介入を望まないかぎり、肉にはなんの力もない。

なくした銀貨を探しまわる女のたとえ話が『ルカ福音書』にある。ヴェーユはこのたとえ話について、「わたしが熱心に品物を探しているように、神もわたしを探している。しかも、わたしは見つからないようにわざと身を隠している」と書いた。一度の出逢いだけでは、魂はめざめることができない。魂の肉的な部分はまだ活発にはたらいている。

宿の女主人の悪意から、約束の場所で眠りこんでしまう靴屋。王女との約束を女主人に話すべきではなかったのだ。

このような約束について自分の魂の下層部に語るべきではない。自分自身にも秘密にしておくべきだ。まさに自分自身にたいしてこそ秘密にしておくべきなのだ。

こうして完璧に秘密にしておいたことについては、悪魔はお手上げである。悪魔は秘密にまでは入ってこれない。天の父がそこに住まうのである。

（『超自然的認識』）

再会の場所で眠りこける靴屋の姿は、魂のめざめが不十分であることを示す。王女が訪れたときに、眼をさましていることができる魂はさいわいだ。だが、ほとんどの魂は、神と一度逢っただけでは、完全にめざめることができない。第二の出逢いにたどりつくまでの道のりは長い。

靴屋の物語では、王女は靴屋のためにハンカチを残そうとする。この「刺繡されたハンカチ」は世界の美しさを意味する。ところが、ハンカチを預かった少年は、この美しい遺留品を着服してしまう。靴屋の手もとには記念の品さえ残らない。この少年もまた肉の表象であり、靴屋の魂の共犯者である。さいわいなことに、王女は一房の巻き毛を眠る靴屋のそばに残してたちさる。この巻き毛が靴屋を探求の旅にかりたてる。

アルバニアの民話では、王女と蛇の出逢い・別れ・再会が語られる。ここでは登場人物の役割は逆転していて、王女のほうが探し求める魂で、蛇のほうが消えさる神である。蛇は夜だけ美しい王子の姿になるが、王女のしあわせを妬んだ義姉たちが蛇の皮を焼きすててしまう。蛇は姿を消さなければならない。しかし、鱗が一枚だけ焼け残る。

一房の巻き毛や一枚の鱗は、魂を探しにきたが、眠っている魂をめざめさせることができずに、姿を消してしまった神が、のちの再会を期して残していく「しるし」である。これなしには、魂は神と再会のきっかけさえつかめない。逆に、これさえあれば、探求はかならず成功するのである。

靴屋は王女の城にたどりつくために、森をよこぎらなければならない。うっそうたる森の木は、切っても切っても生い茂るばかりである。森とはわれわれのうちに深く根づいている悪のことだ。森の木の枝を切っても、根は残るから、いくらでもあたらしい悪が生えてくる。がむしゃらな勇気はまったく役にたたない。

際限のない悪との闘い

神は通りすぎるとき、なにかを残してたちさる。おかげで、われわれは神が待っていることを知る。神と再会するには、悪をよこぎらなければならない。悪の極限にたっしなければならない。自分の罪に戦いをいどみ、切っては断つ。しかし、罪はますます強く大きくなる。この方法は埒《らち》があかない。

罪をのりこえて進まねばならない。この方法ではむずかしいし、時間もかかるが、実行可能である。じっさいに前進するし、ついには終着点にたどりつく。

梢づたいに森を渡りきった男のように、悪をのりこえて進む。これはなにを意味するのか。自分のうちにある悪を撲滅するのではなく、悪が終わりになる地点をめざすのだ。あらゆる悪をつうじて善に思いをはせること。撲滅すべき悪にではなく、善に思いをはせることだ。

（『超自然的認識』）

王女の城にたどりついても、靴屋の試練は終わらない。王女は魔法をかけられている。魔法をとくために、靴屋は三つの部屋で三晩をすごさなければならない。黄色い部屋で、魔女たちに井戸に投げこまれそうになるが、ちょうどそのとき夜があける。つぎの赤い部屋で、薪の山に投げこまれそうになり、さいごの黒い部屋では、塔から突きおとされそうになる。靴屋は際限がないようにみえる責め苦に耐えつづける。もうおしまいだと何度も観念するが、そのたびに夜明けがきて、すんでのところで命拾いをする。悪には限度があると信じて、なにがおころうと善（王女）を思いつづけていることができなければ、魂は滅びる。しかし、勇気をもって耐え忍ぶ者は、滅びが決定的と思えるさいごの瞬間に救われるのである。

神を待ち望む

神と人間の魂の出逢いは、神の呼びかけによってはじまる。それはたしかである。しかし、人間はただぼんやりと時をすごしていればよいわけではない。神はすべての魂の扉を叩くのだが、すべての魂が扉を叩く音に気づくのではない。『黙示録』の再臨のキリストは言う。「みよ、わたしは扉のそとに立って叩く。だれでもわたしの声を聞いて、扉を開けるなら、わたしはその人のところに入って、その人とともに食事をし、その人もわたしとともに食事をする」。彼は力ずくで扉をこじあけたりしない。扉を内側から開けるのは、見知らぬ人が扉を叩く音に気づいた魂の役目である。

『ルカ福音書』では、盛大なパーティに招待された客が、それぞれつまらない口実をもうけて招待を断わるたとえ話がある。招かれるほうにも心構えが必要なのである。

神の呼びかけに先立って魂がとるべき態度を、ヴェーユは明確に規定している。待機の姿勢が必要だ。なにを待ち望んでいるのか自分でも見当がつかぬまま、心をほかのものに奪われずに、ひたすら待っていなければならないのである。

人間は神（善）に向かってただの一歩もふみだすことはできない。神が自分を探しにきてくれるのを待ち望むしかない。そのあいだ、心のすきまを埋めるために、神ではないものに神のレッテルを貼りつけて、これを愛してはいけない。充足しきった心の耳に、扉を叩く小さな音は聞こえないからだ。

神にしたがうためには、神の命令をうけなければならない。

わたしが思春期に神の命令をうけたというのはどういうわけか。自分では無神論者だと思っていたというのに。

善への欲求はつねにかなえられると信じること、これこそ信仰である。この信念を抱く者はけっして無神論者ではない。光を求める者を闇のなかに放っておくような神を信じる、またその反対に、求めない者を光のなかにひきずりだすような神を信じる、これこそ信仰がないというものだ。

（『超自然的認識』）

思いもかけない神の訪れは、獣性の無意識の闇にまどろむ魂の不意をついて、人間性へとめざめさせる。しかし、神はただちに姿を隠してしまう。ほとんどの場合、まだ魂のほうに神を迎える準備ができていないからだ。しかし、神は魂にはげしい憧れを植えつけていく。この憧れを糧に、魂はあてのない旅にでる。魂はつらい試練をへるうちに、いまだ残っている獣性をすこしずつそぎおとしていく。ついに魂の眼が開け、神との再会をはたす。

ヴェーユの解釈によれば、「ノロウェイの赤い牡牛」は、神の訪れ、魂の覚醒と浄化、神との再会、という魂の遍歴物語である。そして彼女はこの物語のうちに、探索、美、不幸、必然、待望、沈黙など、自分の中心的なテーマを読みこんでいった。ここで論じたものは彼女が蒐集した資料のごく一部分でしかない。それもまとまって記述されたものはわずかである。

本章においても、ヴェーユがさまざまな箇所に書き残した断章を、ときには文脈を無視して活用せざるをえなかった。残念ながらいまとなっては、ヴェーユがどのような民間伝承研究を計画していたかは、残された膨大な資料から推察するしかない。そしてこの研究はまだはじまったばかりなのである。

Ⅵ　名前のない信仰

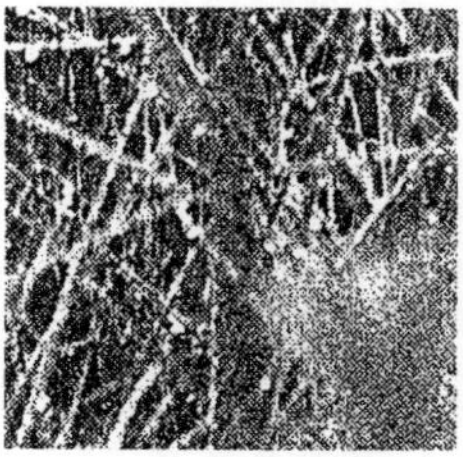

信仰とはなにか

マルセイユからニューヨークに向けて出帆する直前の一九四二年五月、ヴェーユは親交があったドミニコ会士のペラン師に、「霊的自叙伝」として知られる長い手紙を書いた。この手紙をしたためた理由は、その後ペラン師に送られた別便にはっきりと記されている。

ペラン師への手紙

わたしが文書で霊的自叙伝の要約をお渡ししたのは、意図あってのことでした。はっきりと意識されない信仰の具体的でたしかな一例を確認する可能性を示したかったのです。「たしかな」というのは、わたしが嘘をつかないことをあなたはご存じだということを、わたしが知っているからです。（『神を待ち望む』）

「はっきりと意識されない信仰の具体的でたしかな一例」を語ろうとしたのはなぜだろう。ヴェーユによれば、信仰の真正さを識別する基準は、なによりも「不幸」とのかかわりかたにあった。

「不幸」において人間は赤裸々な極限状況にさらされる。そのときの態度こそが、日ごろの行動や言葉にもまして、その人の生きかたをあらわにする。ひとりの人間の信仰が本物であるかどうかは、信仰共同体に帰属しているかどうかではなく、人間実存の極限におかれた自分自身や他の人びとにたいしてとる態度によって判断できる、と確信していたのである。

ペラン師が無神論者がただしく生きる可能性を、理論上は認めているにもかかわらず、いざとなると、「不幸のただなかにあって、自分の不幸を世界の秩序の一環として受けいれている人びとの話を聞いても、神の摂理にしたがうキリスト者の場合ほどには感銘を受けないようにみえる」ことに、ヴェーユは抗議する必要をおぼえたのである。

「実によって樹を知る」

『マタイ福音書』によると、イエスに敵対するファリサイ派の人びとは、悪霊にとりつかれた男をいやしたイエスを、「悪霊の首領の力をかりて悪霊を追いだしている」となじった。イエスはこの非難に、「樹が善ければその実も善いし、樹が悪ければその実も悪いとせよ。樹の善し悪しはその実によってわかる」と応じる。樹が善いか悪いかは外見だけではわからない。見かけはりっぱでも中身はくさっているかもしれない。人間も同じである。その人が心の内奥で考えていることを知るのはむずかしい。しかし、その人のちょっとした行動（実）が、ときに数千語の言葉にもまして、その内面（樹）を物語ってくれることがある。

「実によって樹を知る」、これこそが唯一の基準である。ある人間が「神」「自由」「愛」といった言葉を発するとき、それがなにを意味するのかを見抜くことはむずかしい。ある人間のうちに神が現存するかどうかを、実地で検証することはできない。神について雄弁に語りうる者が神を知っている者とはかぎらない。しかし、その人が人生についてどのように考え、どのように生きているかを見れば、その心に神がすまっているかどうかを、間接的にではあるが推量することはできる。

神について語ることによってではなく、魂が創造主に出逢ったとき、創造がどのようにあらたな様相を呈するかを、行為や言葉で表現することによって、神について証言することができる。じつを言うと、このようにしてしか証言できないのだ。

ある人間が神について語るようすによってではなく、地上のことがらについて語るようすによって、その魂が神の愛の焔のうちにとどまったかどうかを、より確実に識別することができる。それについてはごまかしがきかない。神の愛に似せた贋物《にせもの》はあるが、この愛が魂に生じさせる変容に似せた贋物はない。じっさいに変容を体験してみないことには、それがどのようなものか見当もつかないからだ。

（『超自然的認識』）

「聖」の試金石としての「俗」

「聖」は「俗」によって真価が問われる。「聖」は「俗」のうちにのみ実現される。聖俗の「分離」や「二律背反」といった問題のたてかたそのものが無意味なのだ。この地上が感情と肉体と精神をそなえた人間が生きる場である以上、また人間の生が時間と空間の法則にしたがって展開される以上、神の恩寵の光は、この地上の、この瞬間に、まさしく「世俗的な」ことがらにおいて、燦然《さんぜん》と輝きでる。

神は光であるから、太陽を直視できないのと同じように、神を直視することはできない。光も恩寵も眼には見えない。見えているものは光が照らしだす事物である。ちょうど、光源を見つめることではなく、光源が照らしだす事物の数量や範囲によって光度を測定できるように、「世俗的な」ものは「霊的な」ものを判断する基準、つまり試金石なのである。

ヴェーユは『マタイ福音書』のたとえ話を引用する。世の終わりの日に、栄光の王が臣下を呼び集めて、善い民と悪い民のふたつのグループに分け、一方を右に、他方を左におく。善い民には祝福が、悪い民には呪いが与えられる。王は善い民に言う。「わたしが飢えていたとき、わたしに食物を与え、わたしが渇いていたとき、わたしに飲ませ、わたしが旅人であったとき、わたしに宿を貸し、わたしが裸のとき、わたしに着物を与え、わたしが病気のとき、わたしを見舞い、わたしが牢にいたとき、わたしを訪ねてきてくれた」。

するると「正しい人たち」は驚いて、「いつわたしがあなたにそのようなことをしましたか」と問いかえす。王にそのようなことをした覚えがないのである。「これらわたしの兄弟たち、それももっとも小さい者たちのひとりにしたことは、わたしにしてくれたことなのだ」、と王は答える。

人びとは王への態度ではなく、仲間への態度によって裁かれる。しかも、飢え渇いている者、宿なしの放浪者、ぼろをまとった乞食、病気に苦しむ者、牢獄につながれている犯罪者など、社会の底辺に生きる人びとに、どのような態度をとるかが重要なのである。教会で熱心に祈る信者がかならずしも神に近いとはかぎらない。教会に一歩も足を踏みいれたこともなく、自分は無神論者であると考えていたとしても、苦しむ人に手をさしのべる人は、神から感謝されるだろう。「神を愛すること」と「隣人を愛すること」は、ふたつの次元の異なる教えではなくて、同じ真理のふたつの側面にほかならない。そして、人間は仲間を愛することによってしか、神を愛することができないのである。

正しい人と憐れみを知る人　キリストは彼に食物を与えた人びとを、「愛にみちた人」とも「憐れみを知る人」とも呼ばずに「正しい人」と呼んだ。隣人愛と正義とはまったく同じものだからだ。現代人はこのふたつの概念を区別することに慣れている。持てる者が貧しい隣人になにも与えなくても、それだけで正義にもとるとは考えない。近代以降、私有財産の観念は個人主義や資本主義とむすびついて強化され、正義の概念にも影響をおよぼすようになる。あげくのはてに、隣人愛は道徳の問題であり、正義は法律の問題であるとみなされるようになった。

『ルカ福音書』の「金持ちとラザロの譬話」によれば、金持ちは自宅の門前にすわっていた乞食のラザロを虐待してはいないし、とりたてて罪ふかい放蕩《ほうとう》にふけっていたわけでもない。しかし金持ちは死ぬと地獄におちる。彼はラザロのためになにもしなかった。全身を腫瘍《しゅよう》でおおわれた醜くあわれな乞食の姿など眼中になかった。彼は自分の富を自由に使って、「紫衣細絹を身にまとい、毎日、ぜいたくに遊び暮らしていた」だけである。

われわれからみれば、この金持ちは無神経でエゴイストではあるが、罪人ではない。悪人でさえない。われわれの大半はこの金持ちと五十歩百歩である。悪いことはしないが善いこともしないからだ。しかしキリストの考えはちがう。金持ちの過ちは、隣人愛と正義が同じものであること、隣人愛や正義に欠けることは最大の罪であることに気づかなかったことだ。

われわれも同様である。もし、だれかが施しは義務ではないにもかかわらず施しをするとすれば、その人は慈善という善業をつむことになる。このような施しは与える者にはひそかな自己満足をもたらし、受ける者には感謝を強いる。受けたほうは、恩知らずだと思われたくないならば、感謝しなければならない。隣人愛と正義が別物であるかぎり、与える者には傲慢、受ける者には卑下という罠がまちうけている。商取引のように善意と感謝が交換されるのだ。

「神さまのために」、「善業をつむために」、「良心の呵責からのがれるために」、不幸な人に手をさしのべるのであれば、彼らを自分のために利用しているにすぎない。不幸な人びとが手段でしかないならば、たとえ神の名がひきあいに出されていても、そこに秘蹟としての出逢いはありえない。ヴェーユは言う。「パンをもつ人間がその一片を飢えた人に与えることは驚くにあたらない。驚くべきは、品物を買うのとはちがう方法でパンを与えるということができるということだ。施しは、それが超自然的でないとき、売買行為と似ている。そういう施しは不幸な人を買うのである」。

秘蹟としての愛

しかし、与える者と受ける者とがそれぞれ「キリストを運ぶ者」となり、譲りわたされるパンもまた「キリストのからだ」となるとき、この譲渡は売買行為ではなく、正真正銘の秘蹟となる。そのとき与えるものも受ける者も、神によって、神をとおして、互いを愛するが、神への愛ゆえではなく、互いへの愛ゆえにそうするのである。いかに高尚な理由をつけても、ある人間をその人自身に由来しない理由で愛することは、愛そのものを疎外することだ。神への愛ゆえに不幸な人を愛することは、人間性にたいする侮辱である。

真の愛にあっては、不幸な人びとを神において愛するのはわれわれではない。不幸な人びとをわれわれのなかで愛しているのは神なのだ。不幸に沈むわれわれに善をおこなおうとする人びとを愛するのは、われわれのうちに宿る神である。憐れみと感謝はともに神から降りてくる。

憐れみと感謝がまなざしを交わしあうとき、そのまなざしが出逢うその一点に神が現存する。

（『神を待ち望む』）

「善きサマリア人」が半死半生の旅人に向けたまなざしは、名もなく注意もひかない醜悪な「モノ」に人格を与えた。それは創造するまなざしである。だれからも認められない人格は人格ではない。だれからも認められない権利が権利ではないように。その異邦人は路上に横たわる「モノ」のうちにひとつの人格を認めた。そのとき「死せるモノ」は「生ける人」となる。それは「無から生命をつくりだす」神の創造のわざだ。このまなざしをもつ人間は、神とともに世界をあらたに創造する協力者となるのである。

キリストとの人格的な出逢い

聖体の秘蹟　ソレム滞在中に、ヴェーユは一七世紀の形而上派詩人の作品に親しみ、なかでもジョージ＝ハーバートの「愛」を「世界でもっとも美しい詩」として愛唱するようになる。その後しばしば、「頭痛のはげしい発作が頂点にたっしたとき、この詩に注意力のすべてを傾け、詩にふくまれている甘やかさに魂のありったけを注ぎこみ」、暗唱するようになる。この詩をたんに美しい韻文として唱えているうちに、知らぬまにそれは祈りとなっていく。頭痛の痛みと甘やかさが混ざりあうことなく、それぞれが純粋さをたもちつつ絶妙な調和を生みだしたのである。

〈愛〉はわたしを招きいれた。だが、わたしの魂はひるんだ、
埃と罪にまみれた罪ふかい魂は。
炯眼《けいがん》の〈愛〉はわたしの躊躇をみて、
わたしが入るなり、
近づいて、やさしく尋ねた、

なにかたりないものがあるか、と。

「客が、ここにふさわしい客が」とわたしは答えた。

〈愛〉は言った、「おまえがその客だ」。

「わたしが、この悪しき恩知らずのこのわたしがですか。ああ、愛するかたよ、わたしはあなたを見ることさえできません。」

〈愛〉はわたしの手をとり、微笑みながら言った、

「わたし以外のだれがこの眼を創ったのか」。


――主よ、そうです。けれどわたしはその眼を穢《けが》してしまいました。

わたしの恥辱をふさわしいところへ行かせてください。

――おまえは知らないのか。だれがその咎《とが》を負ったのかを、と〈愛〉は言った。

――愛するかたよ、それでは給仕をいたします。

――座って、わたしの肉を味わうがよい、と〈愛〉は

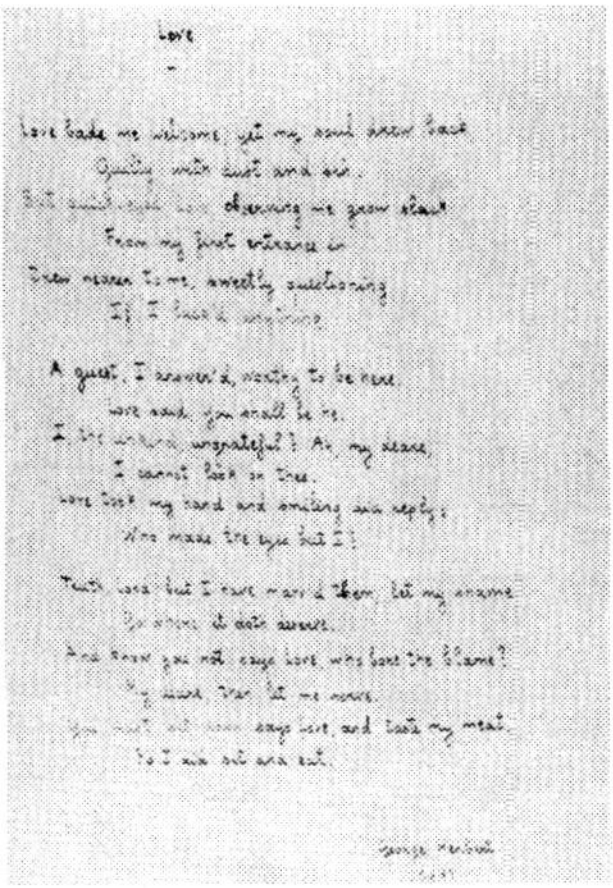
Love

Love bade me welcome, yet my soul drew back
Guilty with dust and sin.
But quick-eyed Love, observing me grow slack
From my first entrance in,
Drew nearer to me, sweetly questioning
If I lack'd anything.

A guest, I answer'd, worthy to be here.
Love said, You shall be he.
I the unkind, ungrateful? Ah, my dear,
I cannot look on thee.
Love took my hand and smiling did reply,
Who made the eyes but I?

Truth, Lord, but I have marr'd them, let my shame
Go where it doth deserve.
And know you not, says Love, who bore the blame?
My dear, then I will serve.
You must sit down, says Love, and taste my meat.
So I did sit and eat.

George Herbert

「愛」のヴェーユの写し

言った。

そこでわたしは座って、食べた。

聖体の秘蹟（一片のパンがミサ典礼中に「キリストのからだ」に変化するというカトリックの教義）が論じられるようになるのも、ソレムでの「キリスト体験」以降である。ヴェーユはこの体験をきっかけに、秘蹟を神との神秘的だが実在的な接触のひとつと考えるようになっていく。秘蹟はたしかに実質的な変化をもたらす。逆に、実質的な変化をもたらさないものは秘蹟ではない。いかに儀式や教義や歴史によっておごそかに飾りたてられていようと、それは人間どうしの約束ごとにすぎない。秘蹟もまた約束ごとであるが、神と人間とのあいだの約束ごとには現実の効能がある。

「わたしが飢えていたとき、あなたたちはわたしに食物を与えてくれた」というキリストの言葉はなにを意味するのだろう。キリスト以外のだれがキリスト自身に食物を与えることができよう。たとえ一瞬にしろ、その人においてキリストが生きるということが現実に可能でなければ、人間がキリストに施すことができるわけがない。とすれば、純粋な心で施された一片のパンは本物の聖体であり、その行為こそが秘蹟なのだ。聖体がキリストの「からだ」であるという教義は、キリストの死を前提としている。キリストの死が人びとを生かすのだ。麦が刈りとられ、粉にされ、練られ、焼かれてパンとなり、人びとを養う糧となるように。

福音書のテキストでは、不幸な人間におけるキリストの現存だけが問題となる。施しを受ける側に霊的な尊厳がどれほどそなわっているかは問題にされていないように思える。とすれば、飢えた不幸な人間のうちに、その人に与えるパンとともにキリストを入りこませるのは、キリストを運ぶ者としての恩恵を施す側だということになる。受ける側は、聖体拝領する者とまったく同じことだが、パンに宿るこのキリストの現存に同意することもしないこともできる。もしこの施しがしかるべく与えられ、しかるべく受けとられるなら、ひとりの人間からもうひとりの人間へと譲りわたされる一片のパンは、ほんとうの聖体拝領である。

（『神を待ち望む』）

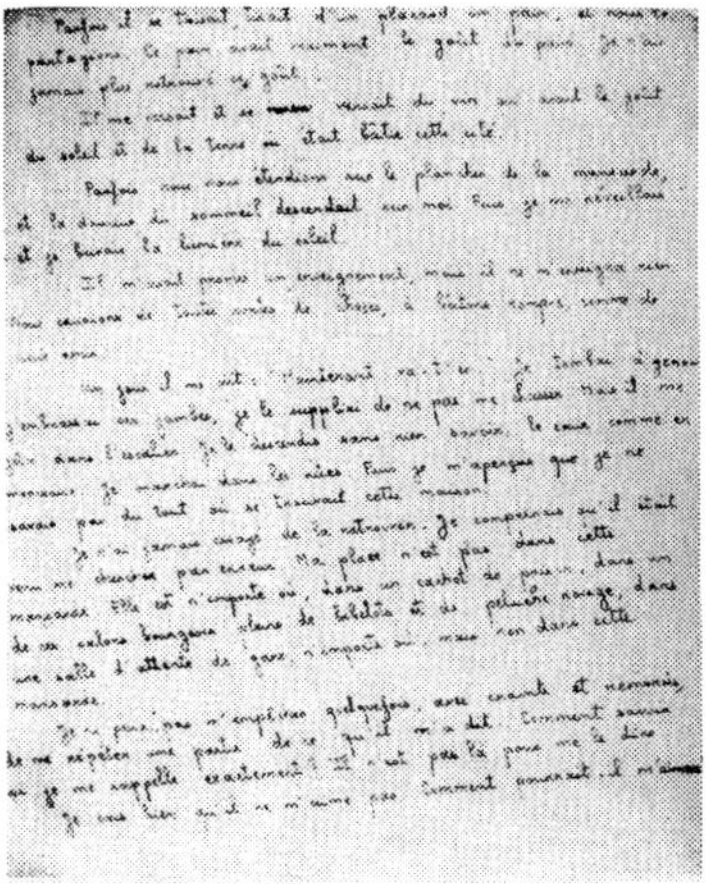

「プロローグ」のマニュスクリプト

キリストの現存

生前のヴェーユを知る人びとの一致した意見では、こころよい夢想や神秘主義への偏向ほど、野放しの想像力や幻想を忌み嫌っていた彼女に似つかわしくないものはなかった。アシジのフランチェスコを愛したのは、その美的な感受性に共鳴したからであるし、十字架のヨハネの書物を愛読したのは、その冷徹で緻密な分析に敬服したからである。ヴェーユにとって、安易な「神秘主義」は知性の怠慢であり、霊性の堕落であった。「神にはいくら抵抗しても抵抗しすぎることはない」、これが彼女の信念であった。真の神ならば、人間のどのような抵抗も打ち砕くことができる。ある種の無神論は信仰を浄める。自分にとって大切なものであればあるほど、そのようなものは存在しないのだと自分に言いきかせなければならない。この世における神の現実的で人格的な臨在について考えることなど論外であった。

ところが、ある日とつぜん、キリストは彼女をとらえたのである。晩年の『雑記帳（カイエ）』の頁間に挟みこまれていた「プロローグ」と題された一文は、この「神秘体験」について語っている。

あるとき、「かれ」が「わたし」を探しにやってきて、「わたし」をある教会に連れていき、祭壇の前でひざまずくように言う。「わたし」は受洗していないことを理由にこばむが、「真理が存在する場におけるように、愛をもってこの場にひざまずきなさい」と言われて、したがう。それから、ある屋根裏部屋に連れていかれる。窓からなんどか日没と夜明けを見る。「ときにかれは黙りこみ、戸棚からパンをとりだし、わたしたちはそれを分けあった。そのパンはほんとうにパンの味がした。ふたたびこの味に巡りあうことはなかった。かれはわたしと自分に葡萄酒を注いだ。その葡萄酒は太陽とあの街が建てられている大地の味がした」。しばらくして「かれ」は「わたし」を追いだす。「わたし」はみじめな気持ちで街をさまよいながら思う。「かれがわたしを愛していないのはよくわかっている。かれがわたしを愛することなどありえない。それでも、わたしの内奥のなにか、わたし自身のある一点は怖れおののきながら考えずにはいられない。もしかすると、かれはわたしを愛しているのかもしれない、と」。

「かれ」は「予期せぬ真理を教えてあげよう」と約束して、「わたし」を連れだす。まず「わたし」を教会に連れていくが、「啓示」はそこでは明かされない。これは象徴的である。「わたし」は祭壇の前でひざまずくが、それは制度としての教会にたいする崇敬ではなく、「真理」にたいする崇敬をあらわす行為である。

ふたりは屋根裏部屋に行く。窓からは街全体が見はらせる。河口で船荷の積み降ろし作業がおこなわれている。ヴェーユはマルセイユ滞在中、港湾労働者とかかわっていたが、このときの経験が読みこまれているのかもしれない。彼らの大半はフランス植民地からの移民で、社会的にも経済的にも保護の対象外におかれていた。戦時下の食糧不足のおり、フランス人に配給されていた肉や魚を手に入れる食料切符も、彼ら移民労働者には配給されなかった。ヴェーユは切符のほとんどを移民や反ナチズムの政治犯に届け、自分は切符なしで手に入るじゃがいもしか食べなかった。約束の「啓示」が与えられた場が、日常生活から切りはなされ、文中で「あたらしくて醜い」と形容された教会ではなく、底辺の労働者の生活と隣りあわせの屋根裏部屋であったことは偶然ではない。真理の「啓示」は労働する生活とは無関係ではありえない。すくなくとも、ヴェーユが知りたいと願っていた真理はそのようなものだったのだ。

季節は冬と春のなかばである。樹々の枝はまだ蕾《つぼみ》もつけず、むきだしで、陽光にみちた冷たい大気のなかで揺れている。夜明けがおとずれ、陽がかたむき、夕暮れとなり、星が輝き、月光が闇を照らし、ふたたび夜が明けるようすが窓ごしに見えた。「啓示」の場が世界の美しさにみたされていることも、おそらく偶然ではない。ヴェーユによれば、世界の美しさこそ神の現存の明確なしるしだからだ。陽光と葉緑素のおかげで、重力にさからって天へとのびる樹木と、すべてを照らす光（太陽と月と星）とが恩寵のシンボルとして描かれているのであろう。

パンと葡萄酒

さて、ふたりは旧知の友人どうしのように、ハーバートの詩で語られる「主」と「客人」のように、親しく語りあい、パンと葡萄酒を分けあう。「ほんとうにパンの味がする」パン、「太陽と大地の味がする」葡萄酒は、ミサ典礼においてキリストの「からだ」と「血」に変化する秘蹟を思わせる。約束された「啓示」がどのようなものであったのか、どこにも言及はない。それは言葉で表すことのできないものだったのかもしれない。あるいはむしろ、屋根裏部屋から見た港での作業、太陽や星や月の光、「かれ」との会話や食事、そうしたものすべてが「啓示」なのかもしれない。それは「体験知」ともいうべき種類の認識だったのだろう。

キリストの血肉となる農作業

マルセイユ時代、ユダヤ人であるために教職を追われたヴェーユは、かなりの重労働である葡萄つみに従事する。友人のひとりジルベール＝カーンは、彼女の健康状態からみて、この企ては無謀であるし、彼女の使命は肉体の限界にいどむことではなくて、知的な資質を開花させることであると主張して、農作業を断念させようとした。ヴェーユはカーンへの手紙で自分の意図を説明している。

知性におよぼす疲労の影響についてのあなたの考察には興味をおぼえました。いまのわたしは疲労ゆえに知性が崩壊する寸前の状況にあります。とはいえ、それは苦しみや屈辱と同じ次元にある浄化でもあります。このようにして、その根底に、魂をやしなう比類なき歓びの瞬間を見いだすのです。

なぜ、わたしの知性の一部にそれほどの価値を認めなければならないのでしょうか。そんなものは、だれでも、ほんとうにだれでも、鞭と鎖によって、壁と閂《かんぬき》によって、あるいはまた、ある種の文字が記された一枚の紙片によって、わたしから奪いさることができるのですから。このような部分がすべてであるなら、わたしのすべてはほとんど価値

ヴェーユ　パスポート用の写真

のない代物ということです。それなら、なぜこんな自分を大切にすることがありましょう。もしも、そのほかに奪いさることができないものがあるとすれば、それこそが無限の価値をもつものなのです。ほんとうにそういうものがあるかどうかを確かめてみたいのです。

（未公刊書簡）

「ある日、わたしは自分でも知らぬまに死んで地獄に堕ちたのではないか、地獄とは永遠に葡萄つみをするところではないかと自問した」という手紙の一節に、作業のつらさがうかがえる。しかし、この経験は「キリスト教と田園生活」という論文に生かされる。「司祭には祭壇にキリストの肉と血を出現させる特権がある。しかし、農民にはそれに劣らず崇高な特権がある。たえまなく続く長時間の労働のあいだ、犠牲として捧げられ、麦と葡萄を媒介として、まさしく農民の肉と血そのものが、キリストの肉と血となるのである」。農民が日々の労働によって痩せるなら、その失った肉と血は麦と葡萄に変化したというべきだ。司祭がミサでもちいるパンと葡萄酒を生みだすのは、この農民の労働である。まさしくここにこそ農作業の根本的な尊厳がある。

キリストの臨在

葡萄つみに従事するかたわら、ヴェーユは『マタイ福音書』の「主の祈り」をギリシア語で唱える習慣を身につける。通常の意味における祈りはこれが最初である。この日課をもっとも神聖な務めとみなし、「主の祈り」の暗唱をただひとつの義務としてみずからに課した。すこしでも注意力がそれたり鈍ったりすると、かならず唱えなおした。純粋で絶対的な注意力のみが、この美しい祈りにふさわしいと思っていたからである。キリストの祈りを心から復唱するなら、それもやはりひとつの秘蹟なのだ。真の秘蹟がそうであるように、この祈りはヴェーユにはっきりした変化をもたらした。

ヴェーユはその変化についてペラン師への手紙で語っている。

ときには、はやくも最初の言葉が、思考を身体から引きはがし、遠近法も視点も存在しない空間のそとにある場所へと連れさるのです。空間がひらかれます。知覚される通常の空間の無限は、二乗あるいは三乗の無限にとってかわられます。同時に、この無限の無限はあまねく沈黙でみたされます。この沈黙は音の不在ではなく、音の感覚よりもさらに確実な感覚の対象で、たとえ物音があっても、この沈黙を通過してからでなくてはわたしに届かないのです。ときには、キリストその人が現存することもあります。しかもそれはキリストにはじめてとらえられたときよりも、無限にいっそう実在的で、いっそう感動的で、いっそう明確で、いっそう愛にみちみちた現存なのです。

（『神を待ち望む』）

この一節が現在形で語られていることに注目すべきだろう。その意味で、この体験は三度の「出逢い」や「プロローグ」とは質的に異なる。一九四一年夏以降、「主の祈り」の暗唱をつうじて、ゆたかな沈黙にみちた無限の空間と、キリストの人格的な臨在が、ヴェーユの日常生活の中枢となっていくのである。

おわりに

青年期にはじまり最晩年にいたるまで、シモーヌ＝ヴェーユは自分の思想と行動とのあいだに生じてくるずれを、冷静に、徹底的に、分析しつづけた。知的誠実さとは、生きる姿勢における誠実さにほかならなかった。二度の世界大戦をなまなましく体験した人間にとって、自己欺瞞や現実逃避の誘惑はいたるところに転がっていた。このような極限状況にあっては、知的誠実さをつらぬくことは、しばしば生命の危険と直結していたからである。こうした状況において語られる思想は、たんなる知的な考察にとどまることはない。

知識人の使命

彼女の真摯な生きかたは、いまや死語となりつつある「知識人の使命と責任」という表現を思いおこさせる。抗独レジスタンス運動のさなかに書かれた『根をもつこと』の一節は、「義務をともなう責任」について論じている。具体的にはファシズムに抵抗する義務が問題になっているのだが、より一般的な意味においては、時代と状況を問わず、「知識人」のはたすべき使命にかかわるものと理解してもよい。

命令や明確な責任によらずに危険に身を投ずることができる人間は、ヴェーユによれば三種類に分類できる。まず、生まれつき勇気と体力に恵まれていて、たいていのことには動じないため、無頓着な冒険心から危険にたちむかう人びとがいる。つぎに、勇気はあまりないが、勲章や名誉をほしがる野心や功名心、または復讐や憎悪といった動機から、危険にとびこむ人びともいる。これら二種類の人びとはしばしば劇的な活躍をし、その「英雄的行為」が称賛の的となるが、ヴェーユに言わせると、そのような人びとの「勇気」は、「指揮官の命令に服する兵士の勇気よりずっと低い次元にある」。

さいわいなことに、第三のグループに属する人びともいる。「神から発せられる直接的で個別的な命令に服すために」、危険な義務をはたそうとする人びとである。意外にも、この第三のケースはめずらしくない。「往々にして隠されているし、当人にとってさえ隠されていることも少なくない。また、これに該当する人びとが自分は神を信じていないと思いこんでいることもしばしばある。しかし、さほどまれではないとしても、残念なことに、ざらにあるというわけでもない」と、『根をもつこと』は言う。

命令されてでもなく、無鉄砲さからでもなく、あさましい動機にもよらず、危険をともなう義務に人間を押しやるものはなにか。それは現状をただしく把握し、自分がとるべき行動を決定し、実行しなければ、人間としての誇りと責任をまっとうできないと感じる意識である。人によっては「良心」または「理性」と呼ぶこの意識を、ヴェーユは「神から発せられる直接的で個別的な命令」

ヴェーユの墓　イギリスのアシュフォード

と呼ぶ。しかも、この責任を認識する能力は、知性が明晰であればあるほど増大する。

こうした発想に三〇年代という時代の刻印を読みとることができるが、同時に、「無名のキリスト者」（洗礼をうけて教会に属しているわけではないが、現実にキリストの教えを守って生きている「無神論者」をさす）、「名前のない信仰」（自分でも意識していない信仰）といった、きわめてヴェーユ的な考えをみとめることもできる。「知識人」と「信仰者」はヴェーユにとって同義語であり、ともに時代の不幸を真正面から見すえる者、真理を追い求める者、勇気ある決断をおこなう者を意味していたのである。

「純金の預り物」

知性という賜物は特権ではない。それは義務をともなう責任である。ヴェーユは人一倍この責任を自覚しており、死のほぼ一ヵ月前に両親にあてた手紙に、「自分には伝達すべき純金の預り物がある」と書いた。また、この預り物はコンパクトなひとつの塊になっていて、相手の受容能力におうじて、すこしずつ切りとって分配できるようなものではない。この預り物をまるごと受けとってくれる人間を見いだせないのではないかと、病床のヴェーユは危惧していた。「これを受けとるには努力を要するし、努力をするのはたいへん疲れること」だからである。人間というものは（「知識人」も例外ではない）、知的努力にかんしては驚くほど怠慢である。たんなる情報の蒐集や知的刺戟はともかく、こうした努力はかならずなんらかの決断、それも多くは自分に都合の悪い決断とむすびつくということを、漠然と感じとっているからである。ヴェーユが伝えようとした「純金の預り物」は、読者であるわれわれにも、そっくりそのまま、まるごと、さしだされている。それにどう対処するのか、それをどう自分の生きかたとむすびつけるのか。これが問われているのだ。シモーヌ＝ヴェーユは読者を不安にさせる。その生涯の一瞬一瞬、その思索のひとつひとつが、のっぴきならぬ決断を迫るからである。

あとがき

ヴェーユの文体は簡潔で美しいが、哲学用語や表現法のせいで、翻訳してみると必要以上にむずかしい印象を与えがちである。また、通常の意味とはちがう意味をもたせるヴェーユ独特の用語法が、はじめは読者をとまどわせるかもしれない。「注意力」「奴隷」「待ち望む」「不幸」というように、注意を要する用語は「　」でくくった。本書の入門的な性質や紙数の制約から、初期の政治論文についてはほとんど言及できず、哲学的・宗教的な考察についても深く掘りさげることができなかったことは心残りである。

一般的に言って、いかなる注釈書や入門書も原作にはかなわない。とくにヴェーユのような思想家の場合、その思想の要約や体系化は不可能である。それ以上に、不毛でさえある。どのような哲学者についても言えることだが、彼女の思想を簡潔にまとめることはできない。哲学的体系というものを信用していなかったヴェーユは、自分の思想に無理をしてまで整合性をもたせようとはしなかった。ヴェーユを理解するには、読者自身が彼女の思索のあとを丹念に追いながら、いわば追体験することによって、その意図するところを読みとらなければならない。

そのため、本書では未邦訳の文献をふくめ、多くの引用文を挿入することによって、できるだけヴェーユ本人に語らせるという体裁をとった。読みやすさを考慮して、本文中での引用の出典は省略し、独立した引用文にのみ出典書名を記した。引用文はすべてフランス語原書からの拙訳である。場合により省略した部分もある。ヴェーユの残した「著作」の大半は、忙しい活動の合間をぬってノートに書きとめられた覚書である。出版を意識した完成原稿を読むのとは異なる姿勢が要求される。読みにくいという難点はあるが、さまざまな断章をひっぱりだして、照合させてみたり、矛盾を発見したり、未完に終わった戯曲の展開を推測したり、と研究者にひそかな愉しみはつきない。

一九八八年以降、パリのガリマール社から、全一六巻の「シモーヌ＝ヴェーユ全集」が年代順に刊行されつつある。いままでパリ国立図書館の資料室に眠っていた多くの原稿が、厳密なテキスト批判をへて、包括的なかたちで世に紹介されることになる。筆者も全集の刊行終了を心待ちにしている者のひとりである。

マルクス主義、労働組合運動、キリスト教、いまやすべて過去の遺物だと言う人がいるかもしれない。また、現代にはヴェーユのような人間はあまりいないし、必要とされてもいないと考える人もいるかもしれない。けれども、彼女の著作をひもとく読者は、時代背景のちがいや文化的な限界性をこえて、今日においても、その清冽《せいれつ》な思想と潔い生きかたに魅了されるのではないかと思う。たしかに彼女の思想や生涯は三〇年代という特異な時代の刻印をうけているが、にもかかわらず、人間の尊厳や可能性を考えるきっかけとなるに十分なインパクトをいまだ失っていない。ヴェーユのかつての師アランは、彼女の文章は読者に「ある種の文学的牢獄からの脱出、その捕らわれの形式への軽蔑をうながす」と書いた。じっさい、読者は衝撃をうけ、反省を迫られる。自分の思考が知らぬまに落ちこんでいる凡庸という名の牢獄に気づかされるからである。

フランス文学専攻でも哲学専攻でもなかった筆者にとって、シモーヌ＝ヴェーユとの出逢いはまったくの偶然だった。暇をもてあましていた秋の夜長に、学生寮の本棚にだれかが捨てていった一冊の本をなにげなく手にとった。それがヴェーユの『神を待ち望む』であった。たいして期待もせずに読みはじめたのだが、たちまち引きこまれてしまった。一息に読みおわったあと、いつかきっとこの作者の作品を原書で読もうと決意した。フランス語がまったく読めなかった大学三年の秋のことである。それから一念発起、フランス語を独習し、学部の卒業論文と大学院の修士論文でヴェーユを論じるまでにこぎつけた。

その後、フランス政府の給費留学生として渡仏し、ソルボンヌ大学大学院で哲学を教えておられたシモーヌ＝ヴェーユ国際学会の初代会長アンドレ＝ドゥヴォー氏に師事し、「シモーヌ＝ヴェーユの宗教思想におけるプラトン的〈仲介〉の概念」と題した博士論文を書きあげることができた。

なお、本書に使用した二枚の写真（高等師範学校、パリのヴェーユ家）は、ドゥヴォー氏に、その他の写真の大半は、ヴェーユの親しい友人のひとりで、筆者がパリ滞在中に公私にわたりお世話になったジルベール＝カーン氏に提供していただいた。また、巻末の索引は聖心女子大学副手の土屋珠美氏が作成してくださった。上記のかたがたの理解と協力なしには、小著の完成はなかったであろう。この場をかりてあらためて感謝の意を表したい。

今回、非力もかえりみずに本書の執筆を引きうけたのは、十数年来の関心事であったヴェーユ論を自分なりにまとめてみたいと考えたからである。荷が重い仕事ではあったが、熱意においては人後に落ちないという自負だけを頼りに、苦労しながらどうにか書きあげた。できるだけわかりやすい文体と説明を心がけたが、その試みが成功したかどうかは、読者の判断をまつしかない。

末尾ながら、本書を執筆する機会を与えてくださった清水書院の清水幸雄氏、いろいろと相談に乗ってくださった編集の徳永隆氏に心からの感謝をささげたい。

ヴェーユ年譜

西暦	年齢	年譜	参考事項
一九〇九		2・3、パリのユダヤ系中流家庭に生まれる。医師の父ベルナール、母セルマ、三歳年長の兄アンドレとの4人家族。	独仏、モロッコ協定。
一〇	1	1月、重病を患い、以後11か月にわたり闘病。これ以来全生涯を通じて虚弱体質に苦しむ。	英領南アフリカ連邦成立。 日本、韓国併合。
一一	2		辛亥革命おこる。 英、議会法制定。
一二	3	虫垂炎の発作に見舞われ、手術。	中華民国成立。
一三	4	「黄金のマリーとタールのマリー」に感動。	日本、憲政擁護運動おこる。
一四	5	兄アンドレ、自力で幾何学問題を解く。 父、軍医として移動野戦病院に配属。 文字を読みはじめる。	第一次世界大戦勃発。
一五	6	アンドレ、方程式に熱中。 「小さな愛国者」になる。 戦場の兵士たちと文通。	日本、中国に二一ヵ条の要求。
一六	7	古典悲劇の暗唱や脚韻遊びをする。	
一七	8	アンドレ、ギリシア語を独習。	ロシア革命おこり、ロマノフ朝滅亡。

一九一八	9		ドイツ革命、皇帝退位し、降伏。第一次世界大戦終結。
一九	10	年齢より二級上のフェヌロン校のクラスに編入。文学と数学で頭角を現すが、手先の無器用を指摘される。「ボルシェヴィキ」を自称。ヴェルサイユ条約に幻滅し、愛国主義者を返上。コント「焔の小妖精」を書く。	スパルタクス団の蜂起失敗。パリ講和会議。ヴェルサイユ講和条約調印。伊、ファシスト党結成。第三インターナショナル結成。ワイマール憲法制定。ガンジー、反英不服従運動開始。
二〇	11	病弱のため、休学。個人レッスンをうける。	国際連盟成立。
二一	12	ギリシア語の学習をはじめる。パスカルの『パンセ』を愛読。	中国共産党結成。ワシントン軍縮会議。
二二	13	アンドレ、高等師範学校理科に合格。偏頭痛の発作がはじまる。	伊、ファシスト内閣成立。アイルランド自由国成立。ソ連邦成立。
二三	14	能力の凡庸さに絶望して自殺を考えるが、この試練をへて願望の効能を確信する。	仏、ルール占領。ナチス党ミュンヘン一揆。トルコ共和国成立。
二四	15		仏共産党ボルシェヴィキ化宣言。レーニン死去、スターリン後継。

一九二五	16	哲学の大学入学資格試験に合格。 アンドレ、数学の大学教授資格試験に首席合格。 アンリ四世校に入学、アランに師事。 級友シモーヌ＝ペトルマンと親交をむすぶ。 哲学自由作文「グリムにおける六羽の白鳥」「美と善」	仏、ルール撤兵開始。 日本、治安維持法、普通選挙法成立。 ロカルノ条約。 ヒンデンブルク、独大統領就任。
二六	17	作文で一番となり、アンリ四世校の恒例の茶話会で自作の詩を朗読。 哲学自由作文「唯一の行為は思考すること」「存在と対象」「自由について」「魂と肉体」 文学自由作文「スタンダールについて」 デカルトを愛読。	独、国際連盟に加盟。 仏、ポワンカレ挙国一致内閣成立。
二七	18	夏季休暇中、はじめて畑仕事に従事。 高等師範学校生がはじめた労働者のための「社会教育グループ」の活動に協力。	トロツキー、除名。 コルホーズ・ソホーズ建設。
二八	19	後半は高等師範学校受験のための勉強に専念。 高等師範学校文科に入学者29名中6番で合格。 アンリ四世校のアランの講義に出席しつづける。 兵役準備についての嘆願運動に積極的に参加。	パリ不戦条約。 伊、ファシスト党の一党独裁決議。
二九	20	人権同盟に加入。 熱心に平和主義運動に参加。 卒業論文「デカルトにおける科学と知覚」の執筆開始。 哲学自由作文「秩序という語の相反する相違について」	ウォール街、株価大暴落。世界大恐慌おこる。 トロツキー、国外追放。スターリンの独裁。

一九三〇	21	論文「時間について」「知覚について、あるいはプロテウスの冒険」偏頭痛の発作が激化する。卒業論文をブランシュヴィク教授に提出。インドシナ反乱の雑誌記事を読み、植民地の悲劇をはじめて理解。	ラテラン協定締結、ヴァチカン市国成立。ロンドン軍縮会議。第一回英印円卓会議。平和主義運動台頭。
三一	22	大学教授資格試験に合格。ル＝ピュイの国立女子高等学校の教授に任命。革命的組合主義者のグループと接触。小学校教員組合に加盟。サンテティエンヌの炭鉱夫のための講座を担当。「ル＝ピュイ事件」の中心人物とされる。	スペイン革命、ブルボン朝滅亡。英、ウェスミンスター憲章。米、フーヴァーモラトリアム。満州事変。
三二	23	ナチズム台頭を自分の眼で確認するため、ベルリンとハンブルクを訪れる。クララ＝ツェトキン（ユダヤ人でマルクス主義者）が国会開会式議長を務めたことを非難するナチスの反応に言及する。ベルリンでトロツキーの息子レオン＝セドフと会い、トロツキスト関係の書類や名簿をフランスにもちだす。論文「待機するドイツ」「ドイツの諸状況」オセールの国立女子高等学校教授に任命。スターリン主義を弾劾すると同時に、フランス共産党か	独、ヒンデンブルク大統領再選。仏ソ不可侵条約。ローザンヌ会議。満州国建国宣言。五・一五事件。ナチス、第一党となる。サウジアラビア王国、イラク王国成立。

一九三三	24	らさらに遠ざかる。 論文「われわれはプロレタリア革命に向かっているのか」で、ロシア革命は失敗したと論じる。 ロアンヌの国立女子高等学校教授に任命。 論文「戦争にかんする考察」「ソ連邦の問題」。 パリの自宅に数日泊まったトロツキーと激しい議論応酬。	ヒトラー、首相に就任。 日・独、国際連盟脱退。 米、ニューディール政策発動。 仏、炭鉱夫デモ。
三四	25	病気休養中に論文「フィレンツェのプロレタリア蜂起」執筆。 「個人研究」のための一年の休暇を申請。 論文「自由と社会的抑圧の諸考察」完成。 12・4、アルストン工場のプレス工となる。 『工場日記』開始。	ソ連、国際連盟に加盟。 ヒトラー、総統と首相を兼任。 中国共産党の大西遷。 仏、反ファシストの組合スト。
三五	26	2・3～24、中耳炎で休職。 2・25、アルストン工場に復帰。 3月、ル－ピュイ時代の教え子に『工場日記』所収の手紙。 4・5、アルストン社退職し、失業。 4・11、カルノー工場のプレス工となる。 5・7、解雇。失業3週間目に生活費を1日3フラン50に切りつめる決心をする。 6・6、ルノー工場のフライス工となる。 6・27、「奴隷の自分がバスに乗れるのは尋常でない恩恵」という感慨を抱く。	伊、エチオピア侵略開始。 仏、人民戦線結成。 独、ザール人民投票。 独、再軍備宣言。 英、インド統治法。

		8・23、工場体験おえる。 9月、ポルトガルの漁村で「キリスト教との第一の出逢い」。「キリスト教はすぐれて奴隷の宗教」と確信。 ブールジュの国立女子高等学校教授に任命。以前より具体的な教材を使用するようになる。 『工場日記』所収のアルベルティーヌ＝テヴノン宛の手紙を書く。	
一九三六	27	3月、シェール県で農作業に従事。 『ギリシアの泉』所収の「アンチゴネー」を組合機関紙に発表。 社会問題を解く鍵として現代数学の研究に没頭。 つねにもましてひどい頭痛と疲労とに苦しむ。 チャップリンの「モダン・タイムス」を絶賛。 8・8、スペイン市民戦線に義勇兵として参加するためスペインに入国。 9・25、火傷を負って帰国。 モンテヴェルディとジョットーに心酔。	日本、二・二六事件。 独、ラインラント進駐。 スペイン、人民政府組閣。スペイン市民戦争勃発。 仏、ブルム人民戦線内閣成立。 ベルリン・ローマ枢軸結成。 日独防共協定。 スターリン憲法制定。
三七	28	論文「トロイ戦争を始めてはいけない」発表。 4月、第一回イタリア旅行。宗教音楽を愛しはじめる。 「キリスト教との第二の出逢い」。アシジのサンタ＝マリア＝デリ＝アンジェリ小聖堂で「生まれてはじめてひざまずく」。	ブルム内閣総辞職。 日独伊三国防共協定。 伊、国際連盟脱退。

一九三八	29	論文「労働の条件」執筆。 イタリア旅行が詩への情熱を再燃させる。 詩「プロメテ」をヴァレリーに送り、称賛の返事受けとる。 『抑圧と自由』所収の論文「マルクス主義の矛盾について」「革命と進歩にかんする批判的検討」執筆。 偏頭痛悪化のため休職を願いでる。 「キリスト教との第三の出逢い」。ソレムのベネディクト会修道院で、偏頭痛に苦しみつつ復活祭の典礼をあずかるうちに、「キリストの受難が決定的に自分のなかに入ってきた」と感じる。 ソレムでイギリスの形而上詩人を知り、とりわけハーバートの詩「愛」を愛唱するようになる。 第二回イタリア旅行。キリストの親しい「現存」を感じる。 アラビアのロレンスの著作『知恵の七つの柱』に感動。 旧約聖書や『エジプト死者の書』『アッシリア・バビロニア宗教文書選集』『マニ教講話』など宗教史関係の書物を多読する。	独、オーストリア併合。 ミュンヘン会談。ドイツ、ズデーテン併合。 仏、人民戦線崩壊。 日本、国家総動員法発令。
三九	30	アンドレ、北欧諸国に科学使節として訪問中に、フィンランドが戦争に突入し、スパイ容疑で国外追放。 論文「『イリアス』または力の詩篇」「ヒトラー主義の起源にかんする考察」執筆。 バビロニアの宗教詩『ギルガメシュ』とインドの『バガ	独、チェコ侵入、チェコスロヴァキア解体。 伊、アルバニア併合。 独伊軍事同盟。 独ソ不可侵条約。

		ヴァッド・ギータ』を愛読。 世界制覇の害悪を立証した論文「ヒトラーとローマ帝国の内部体制」が検閲にひっかかり出版禁止。	フランコ、独裁権握る。 独、ポーランド侵攻。 ソ、ポーランド進撃。 英仏が対独宣戦し、第二次世界大戦勃発。 ソ、フィンランド攻撃。
一九四〇	31	アンドレ帰国するも、徴兵忌避の嫌疑で拘留。 この間、『科学について』所収の多くの手紙が兄妹のあいだで交わされる。 アンドレに懲役5年の実刑が下されるが、軍務に服すという条件つきで執行猶予となる。 『バガヴァッド・ギータ』を愛読。 前線で負傷兵の救護にあたる「前線看護婦部隊編成計画」を執筆し、みずからその任にあたりたいと望む。 5・10、ドイツ軍の西部戦線への侵攻開始。 6・13、パリ無防備都市宣言。 同日、両親とともにパリを離れ、南下。 6・14、ドイツ軍、パリ入城。 7月、一家はヴィシー到着。 唯一の劇作『救われたヴェネツィア』の執筆開始。 渡英して抗独レジスタンス運動に参加する手段として国外脱出を希望。	独、デンマークとノルウェーに侵攻。ベルギー・オランダを席捲し、フランス侵攻。 伊、参戦。 パリ陥落、フランス降伏。ペタンのヴィシー臨時政府樹立。ド＝ゴール、レジスタンスを組織。 ソ、バルト三国併合。 日独伊三国軍事同盟。 仏、ヴィシー政府の「ユダヤ人条例」。 ペタン・ヒトラー会談。

一九四一

32

文部省に外国または植民地に教授として派遣されたいと希望し、復職願いを提出するも、無返答に終わる。

9月、一家でマルセイユ到着。

インドシナ労働者たちの惨状に心を痛め、当局に待遇改善を訴える手紙を書く。

「三人のユダヤ人祖父母をもつ者をすべてユダヤ人とみなし」この定義に該当する「ユダヤ人」を公職から排除しようとする「ユダヤ人にかんする法令」発布。

「カイエ・デュ・シュッド」に「『イリアス』または力の詩篇」掲載。

ジルベール＝カーン、ペラン師、ギュスターヴ＝ティボンと親交を結ぶ。

アンドレ、除隊してマルセイユの家族と合流後、ニューヨークへ亡命。

『雑記帳』の整理開始。

中世南仏の異端カタリ派に関心をもつ。

論文「科学とわれわれ」「文学の責任について」執筆。

食料切符の大半を切符の配給されない植民地人労働者に与える。

「キリスト教青年労働者連盟」の趣旨に共鳴。

警察の喚問、数度におよぶ。

8・7、ティボンの農場で農作業に従事。


独、ユーゴスラヴィア進撃。

独、ロンドン大空襲。
ソ、スターリン、首相に就任。
独・伊、対ソ宣戦。

ド＝ゴール、ロンドン亡命。

大西洋憲章。

英、対日宣戦。

日、真珠湾攻撃。

米、対日宣戦。

一九四二	33	サンスクリットを学びはじめる。 『道経』『ウパニシャッド』研究。 9・15頃、生まれてはじめて祈り、「キリストの臨在」実感。 9・22、この後一か月、葡萄つみに従事。 『雑記帳』第四、五冊目（公刊された『雑記帳』第一巻）をこの時期に執筆。 『神を待ち望む』『神の愛にかんする雑感』所収の論文「イスラエルと異邦人」、『科学について』所収の「科学の未来」「量子論についての省察」、『前キリスト教的霊感』『ギリシアの泉』所収の多数の論文執筆。 詩「海」「星辰」完成。 洗礼の躊躇についてペラン師に手紙を書く。 ジョー＝ブスケとの出逢い。 論文「奴隷的でない労働の条件」執筆。 『雑記帳』第六、七冊目を執筆。 ティボンに『雑記帳』の草稿の大部分を託す。 5・12、ブスケに別れの手紙を書く。 5・14、ペラン師に「霊的自叙伝」郵送。米国に向け出帆。 5・18、北アフリカのオランに寄港。 5・20、カサブランカに長期の寄港。ここでピュタゴラス派テキストの注釈に没頭。 6・7、ニューヨークめざして再出帆。	日、マニラ・シンガポール占領。 ミッドウェーの海戦。 米、原子核分裂実験に成功。

7・6、ニューヨーク到着。

『雑記帳』執筆再開。

「前線看護婦部隊編成計画」の実現に奔走する一方、イギリス潜入のヴィザを入手しようとする。

『超自然的認識』所収の「アメリカ・ノート」執筆。

ハーレムの黒人教会に出入りする。黒人霊歌、アメリカ・インディアンなど、各国の民間伝承に関心を示す。

クーチュリエ師に手紙（『ある修道士への手紙』として公刊）を書く。

11・10、貨物船でロンドンに向けて出帆。

11・25、リヴァプールに到着。

ド＝ゴール将軍率いる「自由フランス」の文案起草者となる。

『ロンドン論集』所収の「われわれは正義のために戦っているのか」「人格と聖なるもの」「臨時政府の正当性」「人間にたいする義務宣言のための試案」「新憲法のためのいくつかの重要観念」「この戦争は宗教戦争である」「反乱についての省察」「政党全廃にかんする覚書」、『根をもつこと』所収の多数の論文、「クレアントス・アナクシマンドロス・フィロラオスについての覚書」、『ウパニシャッド』注釈などを精力的に執筆。

「前線看護婦部隊編成計画」はド＝ゴールに狂気の沙汰

		と一蹴される。	
一九四三	34	偏頭痛と疲労と栄養失調のため、健康悪化。 4・15、意識不明で病院に運びこまれる。急性肺結核の診断。 病気療養中も食事の摂取を拒否し、衰弱が進む。 5月末、サンスクリットの学習を再開。 8・17、アシュフォードのサナトリウムに収容される。 8・24、死去。 8・30、アシュフォード墓地に埋葬される。	米英、カサブランカ会談。 ドイツ軍の敗退はじまる。 日、ガダルカナル島撤退。 コミンテルン解散。 仏、ド＝ゴールの解放委員会成立。 連合軍、シチリア島上陸。 伊、ファシスト党解散。降伏。

参考文献

●ヴェーユの著作の訳書（刊行順）

『抑圧と自由』 石川湧訳 —— 東京創元社 一九六五
『シモーヌ＝ヴェーユ著作集』（全5巻） —— 春秋社 一九六七〜六八
(1) 「戦争と革命への省察」（初期評論集） 橋本一明・伊東晃・山本顕一他訳
(2) 「ある文明の苦悶」（後期評論集） 橋本一明・山崎庸一郎・中田光雄他訳
(3) 「重力と恩寵」 渡邊義愛訳、「救われたヴェネティア」 渡辺一民訳
(4) 「神を待ちのぞむ」 渡辺秀訳、「ある修道者への手紙」 大木健訳
(5) 「根をもつこと」 山崎庸一郎訳
『労働と人生についての省察』 黒木義典・田辺保共訳 —— 勁草書房 一九六七
『ロンドン論集とさいごの手紙』 田辺保・杉山毅共訳 —— 勁草書房 一九六九
『愛と死のパンセ』 野口啓祐訳 —— 南窓社 一九六九
『シモーヌ＝ヴェーユ詩集』 小海永二訳 —— 青土社 一九七一
『工場日記』 田辺保訳 —— 講談社 一九七二
『神への愛についての雑感』 渡邊義愛訳（『現代キリスト教思想叢書』第六巻） —— 白水社 一九七三
『重力と恩寵』 田辺保訳 —— 講談社 一九七四
『神を待ち望む』 田辺保・杉山毅共訳 —— 勁草書房 一九七五
『超自然的認識』（抄訳） 田辺保訳 —— 勁草書房 一九七六
『科学について』 福居純・中田光雄共訳 —— みすず書房 一九七六
『シモーヌ＝ヴェーユ——哲学講義』 川村孝則・渡辺一民共訳 —— 人文書院 一九八一

『ギリシアの泉』 冨原眞弓訳 ―― みすず書房 一九八八
『カイエ4』 冨原眞弓訳 ―― みすず書房 一九九二
『カイエ2』 田辺保・川口光治訳 ―― みすず書房 一九九三
『カイエ3』 冨原眞弓訳 ―― みすず書房 一九九五

●ヴェーユ関連の文献（刊行順）

『シモーヌ＝ヴェイユの生涯』 大木健著 ―― 勁草書房 一九六四
『シモーヌ＝ヴェイユ――その極限の思想』（講談社文庫） 田辺保著 ―― 講談社 一九六八
『シモーヌ＝ヴェーユの世界』 M＝M＝ダヴィ著 山崎庸一郎訳 ―― 晶文社 一九六八
『シモーヌ＝ヴェイユ入門』 M＝M＝ダヴィ著 田辺保訳 ―― 勁草書房 一九六八
『シモーヌ＝ヴェイユの不幸論』 大木健著 ―― 勁草書房 一九六九
『奴隷の宗教――シモーヌ＝ヴェイユとキリスト教』 田辺保著 ―― 新教出版社 一九七〇
『シモーヌ＝ヴェーユ――真理への献身』 片岡美智著 ―― 講談社 一九七二
『シモーヌ＝ヴェーユ――ある肖像の素描』 リチャード＝リース著 山崎庸一郎訳 ―― 筑摩書房 一九七二
『シモーヌ＝ヴェーユ伝』 ジャック＝カボー著 山崎庸一郎・中条忍共訳 ―― みすず書房 一九七四
『回想のシモーヌ＝ヴェイユ』 M＝M＝ペラン・ギュスターヴ＝ティボン共著 田辺保訳 ―― 朝日出版社 一九七五
『シモーヌ＝ヴェーユと現代――究極の対原理』 河野信子著 ―― 大和書房 一九七六
『詳伝シモーヌ＝ヴェイユ』（全2巻） シモーヌ＝ペトルマン著 杉山毅・田辺保共訳 ―― 勁草書房 一九七八
『神を問う思想家たち』 ポール＝リーチ著 福嶋瑞江他訳 ―― みすず書房 一九八三
『カルカソンヌの一夜――ヴェイユとブスケ』 大木健著 ―― 朝日出版社 一九八九
『シモーヌ＝ヴェーユ 一九〇九～一九四三』 クロード＝ダルヴィ著 稲葉延子編訳 春秋社 一九九一

『甦えるヴェイユ』 吉本隆明著 ――――― JICC出版局 一九九二

●ヴェーユの著作（原書、アルファベット順）

Attente de Dieu, 3ème édition, La Colombe, 1950.
Cahiers 1, 2, 3, 2ème édition, Plon, 1970, 1972, 1975.
La condition ouvrière, Gallimard, 1951.
La connaissance surnaturelle, Gallimard, 1950.
L'Enracinement, Gallimard, 1949.
Ecrits historiques et politiques, Gallimard, 1960.
Ecrits de Londres et dernières lettres, Gallimard, 1957.
Intuitions pré-chrétiennes, La Colombe, 1951.
Leçons de philosophie, Collection 10-18, Plon, 1959.
Lettre à un religieux, Gallimard, 1951.
Oppression et liberté, Gallimard, 1955.
Poèmes, suivis de Venise sauvée, Gallimard, 1968.
La pesanteur et la grâce, Plon, 1947.
Pensées sans ordre concernant l'amour de Dieu, Gallimard, 1962.
Reflexions sur les causes de la liberté et de l'oppression sociale, Gallimard, 1955.
Sur la science, Gallimard, 1966.
La source grecque, Gallimard, 1953.
Simone Weil & Joë Bousquet : Correspondance, L'Age d'Homme, 1982.
Simone Weil ; Oeuvres complètes, 1, Gallimard, 1988.

Simone Weil ; Oeuvres complètes, 2, Gallimard, 1988.
Simone Weil ; Oeuvres complètes, 3, Gallimard, 1991.
Simone Weil ; Oeuvres complètes, 4, Gallimard, 1989.

●ヴェーユ関連の研究書（原書、刊行順）

Perrin, Thibon : *Simone Weil telle que nous l'avons connue,* La Colombe, 1952.
Marie-Madeleine Davy : *Introduction au message de Simone Weil,* Plon, 1954.
E.W.F. Tomlin : *Simone Weil,* Bowes and Bowes, Cambridge, 1954.
Jacques Cavaud : *L'Expérience vécue de Simone Weil,* Plon, 1957.
Gaston Kempfner : *La philosophie mystique de Simone Weil,* La Colombe, 1960.
E. Piccard : *Simone Weil,* Presses Universitaires de France, 1960.
Marie-Madeleine Davy : *Simone Weil,* Editions Universitaires, 1961.
V.-H. Debidour : *Simone Weil ou la transparence,* Plon, 1963.
Bernard Helda : *L'Evolution spirituelle de Simone Weil,* Beauchesne, 1964.
Joseph-Marie Perrin et al. : *Réponses aux questions de Simone Weil,* Aubier, 1964.
François Heidsieck : *Simone Weil,* Séghers, 1965.
Marie-Madeleine Davy : *Simone Weil,* Presses Universitaires de France, 1966.
Richard Rees : *Simone Weil, A sketch for a portrait,* Southern Illinois University Press, 1967.
Jacques Cavaud : *Simone Weil à New York et à Londres (1942-1943),* Plon, 1967.
Michel Narcy : *Simone Weil, Malheur et beauté du monde,* Centurion, 1967.
François d'Hautefeuille : *Le tourment de Simone Weil,* Desclée de Broumer, 1970.

Miklos Vetö : *La métaphysique religieuse de Simone Weil,* Vrin, 1971
Simone Pétrement : *La vie de Simone Weil, 1, 2,* Fayard, 1973.
Philippe Dujardin : *Simone Weil - idéologue et politique,* Presses Universitaires de Grenoble, 1975.
Gilbert Kahn (éd) : *Simone Weil - philosophe, historienne et mystique,* Aubier, 1978.
Paul Giniewski : *Simone Weil ou la haine de soi,* Berg International, 1978.
Joseph-Marie Perrin : *Mon dialogue avec Simone Weil,* Nouvelle Cité, 1984.
Gabriella Fiori : *Simone Weil - une femme absolue,* Editions du Felin, 1987.
David MacLellan : *Simone Weil-Utopian pessimist,* MacMillan, 1989.
Georges Hourdin : Simone Weil, la Découverte, 1989.
Ginette Raimbault et al. : *Les imdomptables,* Editions Odile Jacob, 1989.
J.P.Little (éd) : *Simone Weil - la soif de l'absolu,* Sud Revue Littéraire, 1990.
Monique Broc-Lapeyre (éd) : *Simone Weil et les langues ; Recherches sur la philosophie et le langage, 13,* Université P. Mendès-France, Grenoble, 1991.

さくいん

【書　名】

ヴェーユ■人と思想107　　定価はカバーに表示

1992年４月10日　第１刷発行©
2015年９月10日　新装版第１刷発行©
2020年９月10日　新装版第２刷発行

・著　者　……………………………冨原《とみはら》　眞弓《まゆみ》
・発行者　……………………………野村久一郎
・印刷所　…………………………大日本印刷株式会社
・発行所　…………………………株式会社　清水書院

〒102-0072　東京都千代田区飯田橋3-11-6
Tel・03(5213)7151～7
振替口座・00130-3-5283
http://www.shimizushoin.co.jp

検印省略
落丁本・乱丁本は
おとりかえします。

CenturyBooks

Printed in Japan
ISBN978-4-389-42107-6

CenturyBooks

清水書院の〝センチュリーブックス〟発刊のことば

近年の科学技術の発達は、まことに目覚ましいものがあります。月世界への旅行も、近い将来のこととして、夢ではなくなりました。しかし、一方、人間性は疎外され、文化も、商品化されようとしていることも、否定できません。

いま、人間性の回復をはかり、先人の遺した偉大な文化を継承して、高貴な精神の城を守り、明日への創造に資することは、今世紀に生きる私たちの、重大な責務であると信じます。

私たちがここに、「センチュリーブックス」を刊行いたしますのは、人間形成期にある学生・生徒の諸君、職場にある若い世代に精神の糧を提供し、この責任の一端を果たしたいためであります。

ここに読者諸氏の豊かな人間性を讃えつつご愛読を願います。

一九六七年

清水棲三

SHIMIZU SHOIN